修養の思想

西平 直
Tadashi NISHIHIRA

春秋社

はじめに——修養とcultivation

修養は、身を修め、心を養う。自分を高めようとする。今日の言葉で言えば「自己成長」に近い。あるいは「向上心」にも近い。

修養は「自ら修養する」のであって、「他人から修養される」とは使わない。「他人を修養する」とも使わない。その点で「教育」とは対照的である。教育が「親から教育され・子どもを教育する」のに対して「修養」は自ら修養する。「修養する」は自動詞なのである。

修養は「道徳」とも近い。しかし禁止命令ではない。自分を抑圧し束縛するよりも、自分を大切にして、理想に向かう。自分を高めようとする。

その意味では「稽古」に似ている。しかし稽古が特殊な「わざ」を磨くのに対して、修養は「わざ」がなくてもできる。誰でもどこでも可能である。私はそこに期待した。

それは「稽古」に対する小さな反発と結びついていた。稽古は恵まれた人の話である。特殊な「わざ」を習得する機会のある人の話。それに対して「修養」は誰にでも開かれている。日々の暮らしがそのまま修養になる。稽古がエリート志向であるのに対して、修養は庶民のもの。私はそこに期待した。

ところが、そこには予想外の沼地が待っていた。言葉の定義がはっきりしないだけではない。どう言ったらよいか、修養は「修養」という言葉によっては語られない、とでも言いたくなるような、ねじれた事態なのである。

修養論の宝庫と期待した江戸期の思想家たちは「修養」という言葉を使っていなかった。にもかかわらず、その話の中身は、まさに期待通り、修養そのものを多様に語っていた。逆に今度は、「修養」という言葉が一世を風靡した明治後期の修養論は、山ほど「修養」という言葉を使ってみせるのだが、その話の中身は、どうも軽かった。時代の流れに合わせて、いかなる価値とも結びつき、世間を賑わしているだけのように思われた。そして実際一挙に忘れ去られた。

それを知った時にはがっかりした。しかし同時に反発心も湧いてきて、この言葉を弁護してみたくなった。なぜ修養は低く見られるのか。この言葉の来歴を確認してみたいと思ったのである。

ところで、もうひとつ、「修養」に関わることになったきっかけは、cultivation という英語の言葉である。

「修養」の英訳は多くの訳者を悩ませてきた。例えば、self-improvement（向上する・自分を高める）、character-building（性格形成）、あるいは、training（訓練）、そして cultivation（耕作・育成）。

この cultivation に注目したのは、実は「稽古」の訳語としても使われていたためである。英語では「修養」も「稽古」も同じ言葉になる。

そう思って見てゆくと、実は「修行」も cultivation と訳されていた。例えば、湯浅泰雄『身体論』の英訳版は「修行」をすべて cultivation とする（本書8章）。後に見るように、欧米の言語には「修行」に対応する定訳がない。様々な工夫はあるのだが、どれもしっくりこない。そこで cultivation が貴重な候補になるのだが、そうなると「修行」と「修養」の区別がつかない。

さらに見てゆくと「養生」も cultivation と訳されていた。江戸初期の博物学者・貝原益軒の思想が cultivation と総称されている。「養生」は単なる身体の健康増進ではない。そう気が付いた異国の研究者たちは、益軒の思想の広がりを「moral and spiritual self-cultivation」という言葉で理解したのである。

こうしてみると英語の cultivation の守備範囲は広い。その広がりの中では「修養」も「稽古」も「修行」も「養生」もすべて「ひとつながり・ひとまとまり」になる。

さて、そう思って日本の思想史を読み直してみると、実は、これらの言葉は、実際に入り乱れて使われていた。明確な区別はなかった。境界線は語り手によって勝手に設定され、同じ言葉がジャンルによってまるで異なる意味合いで使われていた。

しかも、困ったことに、日本語にはそれらを「ひとまとまり」に束ねる言葉がなかった。各領域とも自分のことで精一杯であったのだろう。「稽古」「修行」「養生」などの関連領域を横断的に議論するための用語を、日本語は持たなかった。

それに対して、英語の cultivation は、結果として、その「まとまり」を提示してみせた。異国の研究者たちが初めからそれを意図して訳語を選定したとは思えない。彼らも「修行」や「養生」といった日本の言葉に難渋し、言葉の厚みを伝えようと試行錯誤を繰り返した結果、cultivation という（包容力の大きい・曖昧な）言葉に頼った。ところが、その中身を横並びにしたとき、期せずして、この言葉は一つの「まとまり」を私たちに見せることになった。日本語だけ見ていては見えてこなかった一つの問題領域。

本書は「修養」と呼ぶ。英語の cultivation を「修養」という言葉で受け取ることによって、議論のための舞台《プラットフォーム》を設定したいと考えたのである。

修養の思想

目　次

修養の思想

I　修養の風景

第1章　修養の語りは多様である

話は多岐にわたるから、最初に「修養 cultivation」の原風景を見る。本書がこの言葉を用いる時、およそ次のような多種多様な光景を念頭においている。

心を清める

修養は、心を清め、行いを善くする。

言葉は素朴だが奥は深い。「心の穢《けが》れを清め、身の行いを善くする」。江戸時代の初め、近江の聖人と呼ばれた中江藤樹はそう説いた。しかし「修養」とは言わずに「学問」という。「学問は心の穢れを清め身の行いを善くする」（『翁問答』）。

むろん現代日本語の学問ではない。今日の言葉では「修行」に近い。しかし宗教的ではない。まして「禁欲主義的な行法」が思い起こされるなら、まったく違う。むしろ普通の暮らしである。日々の暮らしの中、実際の「働き」を通して心を清め、行いを善くする（本書5章）。「非常の時に身を処する」のは、こうした日々の心掛けによる。「平素の修養があればこそ、非常のときの覚悟が決まる」（新渡戸稲造『修養』総論）。

あるいは、修養は自分の心を管理する。感情に流されない。欲望に駆られない。厳格である。心を引き締め、拡散させない。心を一つに集中させ「キッとした態度」で自己を監視する。江戸初期の儒者・山崎闇斎はそう語った。闇斎は「心を主宰する」ことを強調し、厳格な指導を行った。内省的な自己管理。これも「修養 cultivation」である（本書8章）。「修身〔この場合は修養と同義〕とは、克己なることが本となって、肉体情欲の為に心を乱さぬよう、心が主となって身体の動作または志の向く所を定め、整然として、順序正しく、方角を誤らぬよう、挙動の乱れぬよう、進み行く意であろうと思う」（新渡戸稲造『修養』総論）。

人間関係の中で

修養は人間関係の中で「徳を養う」。人付き合いの難しさがそのまま修養になる。

京都堀川の町衆・伊藤仁斎はそう説いた。庶民の暮らしがそのまま「徳を養う」機会である。内省的に自己を修める（心の主宰となる）のではない。己に克つ（克己）でもない。むしろ、徳は既に与えられている。しかし微弱であるから、大切に育て養う。仁斎は修養を庶民の道徳とした。為政者のための自己修養（朱子学の「修己治人」）ではない。庶民が日々の暮らしの中で果たすべき道徳とした。「平凡」を軸とした修養である。

しかし（話を先取りすれば）そこには、社会を変革するという視点は含まれない。「今の俗」が直ちに「道」である。俗を越えた理想を設定するという発想は持たない。そうした庶民の修養が語られた（本書6章）。

時代が下ると「事上磨錬《じじょうまれん》」という言葉も出てくる。実際生活（「事」）の中で修養する。読書や静坐では足りない。「事に臨んで行動に移す」ためには、実際の経験が必要である。実践と切り離れた「心」ではない。実践の中で「心」を磨く（知見を錬成する）。陽明学と呼ばれる思想の流れである。修養の思想を見てゆくと、地下水脈のように、その姿がところどころに顔を出す（本書コラム⑤陽明学）。

とはいえ、ただ実践を強調したわけではない。まして無理やり事物をねじ曲げるのでもない。むしろ対象の本質を「体認」し対象との正しい関係に入ろうとする。そのために心を正す。実践の中で自らの心を律することを求めた。

さらに、「人生の苦難がすべて修養になる」ともいう。

そう語ったのは、明治期の仏教哲学者・清沢満之である。清沢は人生を相撲の土俵に譬え、人生の困難に猛然と挑《いど》んだ。しかし鍛えるのではない。むしろ努力によって人生の苦難を越えることはできない。仏を信じ、その「大悲」に任せるしかない。にもかかわらず、私たちは任せることができない。そこで修養が必要になる。「任せるしかない」ことを確認するために修養する。自分の力に頼っても人生の苦難を超えることはできない。それを確認するために修養する。そう語られた「修養」は限りなく「修行」に近い、と同時に、「他力信仰」とは明確に区別されていた（本書8章）。

出世の心得か

ところで、修養とは「世に処す」こと、その成果として出世して成功することである。そう語られることもあった。明治期の修養論の一端である。

単に「身を修め、徳を養う」だけではない。「世に処し、道を行わしめんとす」。世に出てその成果を発揮する。現世的・世俗的成功をもたらす。修養はひとり自らを高めるためにあるのではなく、「当世に処して有用の材たる」ためにある。むしろ「当世に処して有用の材となって初めて人格を完成」したというべきである（加藤咄堂『修養論』緒論、本書コラム①加藤咄堂）。

むろん明治の修養がすべてそう語ったわけではないのだが、しかし、その時代の修養は、若者たちに語り掛けるメッセージとして、「出世の心得としての修養」を説いた。

実はそれは朱子学の修養の構図でもあった。朱子学の修養は出世のための条件である。出世し人々を治める立場に立つ者が身に付けておくべき修養。「己を修めた者が、民を治める（「修己治人」）」（本書3章）。とすれば、「世俗的価値」の追求は、ある意味では、修養の本筋でもあったことになる。

修養は「世俗的価値」を追求するのか、拒否するのか。本書はその問いを何度も繰り返す。とりわけ「修行」と「修養」の分岐点になる（本書8章）。「修行」が世俗的価値を拒否するのに対して、「修養」は拒否しない。世俗的価値を追求する修養もあれば、それを拒否する修養もある。

新渡戸は「功名富貴は修養の目的とすべきものではない」という。「自ら省みていさぎよしとし、いかに貧乏しても、心の中には満足し、いかに誹謗を受けても、自ら楽しみ、いかに逆境に陥っても、その中に幸福を感じ、感謝の念をもって世を渡ろうとする」(『修養』総説)。それも間違いなく修養の一面である。

そして「養生」がある。養生も世俗的価値を拒まない。しかし朱子学の発想とは異なる。「修養はかつて養生であった」という説を見ることになる(本書9章)。

本書の見取り図

こうして本書は多様な修養理解を横並びにする。

まず、今日の議論から「修養」の系譜をたどる(第Ⅰ部)。

続いて「社会の中の修養」を見る(第Ⅱ部)。政治や道徳の領域において修養は何を語ったのか。いかなる議論があったのか。修養の古典的な語り方《ナラティヴ》である。

その後、関連する言葉と対比する(第Ⅲ部)。「修行」と比べる時、修養は何が特徴か。「稽古」とはいかなる関係か。「養生」とはいかなる関係にあったのか。

最後に、暫定的な整理を行う(第Ⅳ部)。「修養」は、「修行」「養生」「稽古」と比べる時、周辺であり裏方である、と同時に土台でもある。

＊コラム① 加藤咄堂

加藤咄堂《とつどう》（一八七〇―一九四九）は仏教の大衆化に尽くした社会教育者。雄弁法を学び、心理学を学び、仏教を心理学の用語で解き明かそうとした。その『修養論』（東亜堂書房、一九〇九年、明治四二年）はベストセラーとなった。

「新しき時代には新しき人物を要し、新しき人物には新しき修養を要す」。そう語る『修養論』は「身体」を強調する。「身体」とは「獣」である。人の人たるゆえんは「獣」でありつつ神に向かう霊」という点にある。情意のみ論じて理知を無視するのでもなく、精神のみ論じて身体を看過するのでもない。「人格の全面」が重要である。しかも「世に処し、道を行わしめんとす」。実際的であり現実的である。

その『修養論』は古今東西の思想を百科事典のように融合する。第一編「修養の理論」は、「性の善悪（孔孟・朱子など）」、「知見と徳性（ソクラテス、プラトン、アリストテレス）」、「罪悪の起源（キリスト教、仏教）」、「自由意志（デカルト、スピノザ、カント）」、「個性の要素（遺伝、家庭、社会、風土）」、「修養の可能（個性、理想）」。役立ちそうな情報をすべて提示する。しかし個々の議論を深める余裕はなく、また相互の関連も示されない。

第二編「修養の方法」は「理想と現実（修養の困難、人生の本務など）」、「国民道徳」、「処世論」、「修養法（身体、静坐、読書、文芸、自然、社交など）」、修養をめぐる諸問題が並ぶ。第三編「修養の模範」は、文字通り、模範となる人物を、釈迦、キリスト、孔子、ソクラテス、諸葛孔明、ワシントン、徳川家康、ゲーテ、芭蕉と（良く言えば幅広く、悪く言えば整理せぬまま）並べて紹介する。

なお、「静的修養」と「動的修養」の分類は興味深い。前者は「個人的（修身・養徳）」、後者は「社会的（処世・行道）」という。（一）身体を養い衛生を重んじ健康を保持するのは「個人的な静的修養」。（二）身体訓練や苦行は「個人的な動的修養」。（三）礼儀を正し身なりを整えるのは「社会的な静的修養」。（四）言語を育て立ち居振る舞いを麗しくするのは「社会的動的修養」とする（しかしこの分類は本文の構成には生かされない）。修養の目的は、広義には「人格の完成」、狭義には「品性の陶冶」という。しかし最終目標は心の「寂然不動」である。心を「一所に安立せしめ」、何が来ても騒がず、悲喜にも禍福にも動じない。それを目指すのが「精神修養」であり、その要諦が「死生を達観する」ことであるという。

「修養書を読書するという行為」と結びついた明治期修養論の典型である。

＊コラム② 芦田恵之助

「綴方教育（「随意選題綴方」）」を説いた芦田恵之助（一八七三―一九五一）は「教師の修養」を語った（「綴り方教授に関する教師の修養」一九一五年、『芦田恵之助国語教育全集』明治図書出版、一九八八年）。明治期の修養論の広がりを示す貴重な証言である。

修養とは「人間の本性にたち帰る」こと。感情や情念など心の動きに乱されない。原点に帰る。それが修養である。しかし他律的には得られない。自ら身をもって実践するしかない。そこで「内観」を勧める。正しく座り、目を閉じて、自己の内面を見つめる。大切なのはそれを続けること。「実行の継続」である。

もう一点、「丹田に力をこめる」点を強調する。いかなる武術・遊芸においても、「その妙境に達する唯一方法として、この術を説く」。

芦田は一時期、岡田虎次郎（一八七二―一九二〇）の「静坐会」に通っていた。岡田は、全身の力を「濟下丹田」に籠めることを強調した。「静坐」はそのための姿勢であり呼吸である（座り方は、禅の「結跏趺坐」ではなく通常の「正座」である。しかしその呼吸は、通例の「腹式呼吸」とは逆に、息を吐きながら下腹部に力を入れ、気が満ちるように、腹圧を強める。慣れてくると重心が安定し、その安定が身体の「自然治癒力」につながる）。

芦田自身は禅寺に通い、禅の修行を続けたが、教師たちに勧めたのは「修行」ではなく「修養」である。しかもその道場は「教壇」であり「校庭」である。「脚下に修養の道場を見出して、行住坐臥くるひのない生活を営まなければならぬ」。学校という日々の実践の場で「修養」を勧めたのである。

むろん読書も勧める。しかし読書が直ちに修養ではない。知識の蓄積がただちに修養ではない。かえって迷いの種となる。むしろ読書は自らの修養の成果を確認する機会である。「読書はこれによって新しき事実を知るというよりも自己修養のあとを証明するもの」と説いた。

なお、教育学の中では「修養」はあまり注目されない。「修養」は近代の学校教育の発想には馴染まなかった。「明治以降は学校教育からはみ出たところで修養という言葉が使われ、人間の一生を貫いて行われる教育の考え方として使われていく」という指摘は興味深い（澤本和子「修養」、大田堯・中内敏夫編『民間教育史研究事典』評論社、一九八五年）。

第2章　明治期の「修養論」と江戸期の「庶民道徳」

今日、「修養」という言葉を調べてゆくと、まず間違いなく、唐木順三（一九〇四―一九八〇）の名が出てくる。筑摩書房の設立に関わった思想家・唐木順三は、「教養（教養主義）」を批判するに際して「修養」を持ち出した（正確には「修養とか修行とか行とか」と並べて持ち出した）。

「教養」に対する「修養」――唐木順三の問題提起

修養には「型」があったが、教養には「型」がない。明治の文人には儒教的・武士道的な「型」があったのに対して、大正の教養派は「型」を持たない。明治の修養には「行」があったが、大正の教養には「行」がない。「行のない修養が教養というものであった」。

それが教養の「甘さ・魅惑・新鮮さ」であり、そして弱さであった。

唐木によれば、明治の文人たちは「内面生活」を大切にするのと同じだけ「外面生活」を大切にした。礼儀作法のような「外面生活」を通して「内面生活」を豊かにした。重要なのは、外面生活の「規範」であり「権威」である。礼儀作法を習い、身体作法の「型」に従う。「行」を通して外面生活における「型」を「まねび（真似び・学び）」、「ならう（習う・倣う）」。

＊その原風景は、鴎外・漱石・西田幾多郎に即して、こう語られる。「武士の家に生まれた以上、必要な場合には切腹をしなければならないと教えられた森鴎外、初対面の小宮豊隆があぐらをかいたのを叱った夏目漱石、夜打坐、朝打坐と日誌に誌し、以道為体、以学問為四肢と書いた西田寸心〔幾多郎〕においては、典型は生き、修養は生きていた」（「現代史への試み」『唐木順三全集3』）。

それに対して、教養は「行」を省き、知識だけを大切にする。外面生活の「型」を抜きにして内面生活だけ望む。その点において唐木は「教養」を批判し「修養」を持ち上げた。ところが、唐木の焦点はあくまで「教養」であって、修養は、いわば「教養」の特徴を浮き出たせるお膳立てにすぎなかった。修養は、教養では喪失された「型」を体現した理念として理想化されたが、その実際的な内容が、具体的に語られたわけではなかった。

唐木は「修養とか修行とか行とか」と大掴みにしたまま（賢明にもその相互の違いに立ち入ることなく）「修養」と「教養」という音の対比を生かした。修養には「行」があったが、教養には「行」がない。修養には「型」があったが、教養には「型」が欠けていた。

その対比は見事であったが、困ったことに、大掴みであったはずの「修養」が独り歩きを始めてしまう。その後の研究者たちは、あたかも「修養」が日本思想史の中で確かな位置を占めていたかのように理解し、しかもその多くは明治末期の修養論だけ見ることによって、「修養」を狭く捉えてしまった。

というより、そもそも明治期修養論が、江戸期とのつながりを示さなかった。あるいは、日本思想史の一般的傾向として、過去の思想を伝統として受け止めない。
＊しかし消えるわけではない。むしろ「背後から現在の中にすべりこむ」。「思想が伝統として蓄積されないということと、「伝統」思想のズルズルべったりの無関連な潜入とは実は同じことの両面に過ぎない」（丸山眞男『日本の思想』）。
本書は、明治期修養論を江戸期とのつながりの中で見る。とはいえ、時系列的な連続を（通時的に）見るのではない。同一地平における構造的な関連を（共時的に）見る。

明治期の「修養論」

本書の地平から見ると、明治期修養論は「修養 cultivation」の例外的な姿である。あたかも、表舞台に立つはずのなかった裏方が、突然、舞台に登場し、一時《いっとき》、時代の寵児と騒がれ、潮が引くと同時に、一挙に忘れ去られたかのようである。

「修養」は裏方が似合う。歴史の底流で雑多に求められ、「いい加減」に語られてきた。そうした地平を「修養 cultivation」と呼ぶ。そして（表舞台に連れ出さぬように用心しながら）そっとその姿に触れようとする。

何度も見るように、明治の修養論は、江戸期の議論を参照しない。多少の言及はあるものの、そこで期待されていたのは「新しい器（新しい酒を入れる新しい酒袋）」であったから、昔の香りは好まれない。儒学的な色彩は消すことが望ましく、江戸期との関連など問題にならなかった。

実際、思想史の中の「修養」は、連続性を持たぬまま、散り散りになっている。むしろそれらを総称する言葉がなかったから、連続性など必要なかった。「修養 cultivation」という舞台が設定されて初めて、その連続性が問われ、あらためて、思想史の中の相互関連が問題になったということである。

「教養主義」と「大衆文化型修養主義」

もう一度、唐木の議論を見る。唐木は、明治後期の「修養主義（修養論）」から大正期の「教養主義」への転換を問題にした。しかし「修養主義」のすべてが「教養主義」に入れ替わったわけではない。丁寧に見ると、その一側面が教養主義となったにすぎない。修養主義の他の側面は、実は、そのまま残っていた。その取り残された部分を、歴史社会学の筒井清忠は「大衆文化型修養主義」と呼んだ（筒井清忠『日本型「教養」の運命』岩波書店、一九九五年、一三八頁）。

筒井によれば、教養主義と大衆文化型修養主義は「努力を通して人格を向上させる」という点は共有しているが、「文化」の有無が違う。「文化の享受を通して行う」のが教養主義であり、「文化の享受と関係なく、自分の仕事に打ち込む」のが大衆文化型修養主義である。

注目したいのは後者である。文化とは関係なく、日々の務めに打ち込むことを通して人格を向上させる。筒井によれば、こうした修養は、「江戸時代にすでに萌芽形態があった」。

そして、二宮尊徳の報徳会、石田梅岩の石門心学、あるいは、寺子屋の教科内容、各種の新宗教を挙げている。

ところが、まさにこの箇所を引きながら、宗教学の島薗進は、「そうした民衆運動だけでなく、儒学・国学の言説や仏教の説法の中にもそうした内容が含まれていた」という。そして、明治の修養に流れ込む一連の流れを、思想史学の安丸良夫の言葉を借りて「通俗道徳」と呼ぶ（島薗進「死生学試論（2）加藤咄堂と死生観の論述」『死生学研究』2、二〇〇三年）。

明治期修養論の歴史的源泉は江戸期の雑多な「通俗道徳」にあった。江戸期には「修養」という言葉を用いた修養論はなかった。江戸期の豊かな修養思想は、「修養」という言葉によってではなく、「通俗道徳」という拡がりの中で語られていた。

そこで、明治期と江戸期の関連が見えなくなる。まして明治期の修養論者たちは「修養」から江戸期の儒学的色彩を消し去ろうとしたのであるから、なおのこと、明治期の修養は、突然変異に見える。あるいは、一時の「あだ花」に見えてしまう。「修養 cultivation」の大きな流れは見過ごされてきた。

明治期の修養論は江戸期の「通俗道徳」の末裔である。その流れを浮き彫りにするために、本書は、この「通俗道徳」も「修養cultivation」の守備範囲とする。たとえ「修養」という言葉は使われないとしても、英訳すればcultivationになる領域は、すべてまとめて「修養cultivation」として受け取ることにしたのである。

その上で本書は明治期と江戸期を連続して扱う。歴史的展開を（通時的に）追うのではない。歴史の順序とは関係なしに、二つの時期の思想を横並びにして、その構造を（共時的に）解きほぐす。「修養cultivation」の構造を大掴みに提示したいと考えたのである。

「修養」概念史のために

「修養」概念の歴史的展開については、既にいくつかの貴重な試みがある。例えば、王成「近代日本における〈修養〉概念の成立」（『日本研究』29、二〇〇四年）、あるいは、升信夫の一連の研究、例えば、「明治中期「修養」の類型化」（桐蔭法学22-1、二〇一五年）、「聖化の様態からみるビルドゥング、修養、教養」（桐蔭法学23-1、二〇一六年）、あるいは、田島一「修養の社会史（1）（2）」、小室弘毅「身体と修養」を収めた、野間教育研究所・修養研究部会編『人間形成と修養に関する総合的研究』（二〇一二年）など。

そうした研究成果のすべてを紹介することはできないから論点だけ見ておく。

まず、明治期の「修養」概念には一貫性がなかった。明治初期の啓蒙思想には登場しない。『明六雑誌』が「修養」を話題にすることはなかった。

明治期の用例としては、『西国立志編』の用語法が最も古いとされる。スマイルズのSelf-Help（1859）を中村正直が翻訳したこの訳書によって、「修養」という言葉は、儒学の伝統から離れ、新たな時代の理念を表現する言葉となった。

そこにキリスト教の指導者たちも加わった（徳富蘇峰、横井時雄、松村介石、植村正久、内村鑑三）。しかしその理解は一定せず、ある時は「信仰」への助走としての「修養」が語られ、ある時は「修養」では「信仰」に至りえぬと批判された。

ドイツ語の「ビルドゥング Bildung」が「修養」と訳されることはなかった。おそらく「修養」のもつ儒学的香りを避けたためである。しかし（「陶冶」「形成」「教養」などと訳される）Bildungに、いまだ定訳がないことを思えば、「修養」もひとつの候補であってもよかった。例えば、ヘーゲル哲学で使われるBildungは「教養」ではなく、むしろ「修養」に近いとも言われる（前掲・升「聖化の様態からみるビルドゥング、修養、教養」）。

＊加藤咄堂は「修養」に対応する英語をculture、ドイツ語をBildungと見た上で、「人物を作為し品性を模造する」と理解する（前掲書『修養論』三頁）。なお、Bildungの訳語とし

ての「修業」は興味深い。「修行」でもなく「稽古」でもない。徒弟制度における職人の成長過程に代表される「技術・手わざ・仕事」と結びついた人間形成である。

もしBildungが「修養」と訳されていたら、もしかすると、Bildungの思想が（抽象的な「形成・陶冶・教養」とは異なる仕方で）より具体的に、日本の思想に受け入れられていた。あるいは、修養がBildungの地平と結びつくことによって、儒学の思想が（天皇制国家に奉仕するだけの貧しい理解に閉じ込められることなく）、より柔軟に・より広い可能性を持った思想として働く可能性があった。

「修養cultivation」は、「修養」という言葉では語られない多様な領域まで視野に入れる時、実に豊かな可能性を持った地平なのである。

江戸期の「修養」

第二に、江戸期にも「修養」という言葉はあった。例えば、江戸後期の儒者・佐藤一斎は、『言志晩録』の中で、「工夫宜しく静坐修養忘れざるべし」という。しかしこの「修養」は特定の系譜に属する術語ではなく、ごく普通の一般名詞である（新渡戸稲造はこの『言志晩録』を好み、多くの言葉を自らの著作に引用した）。

江戸期の思想家たちは、修養に関心が薄かったのではない。むしろこの点こそ問題の核心であったために、「修養」などという大掴みの言葉（一般名詞）では語ることができなかったということである。思想家たちはそれぞれ独自の言葉を用意した。朱子学は「修己」といい「修身」と語る。伊藤仁斎は「修為」という。「学問修養」もあれば、「敬」（心の内面の修養）もある。

そしてそれらの微妙な違いこそが、江戸期の思想家の焦点である。「修養」などという一般名詞では目が粗すぎる。大袈裟に言えば、江戸期の賢者たちは、皆、それぞれが独自の「修養 cultivation」を語っていた。貝原益軒の博物学も「修養」と無縁ではなかった。荻生徂徠の修養批判も、修養を意識すればこそ、政治をそこから切り離そうとした。

江戸期の天下泰平は豊かな修養思想を育んだのである。

明治という時代——そして「規律訓練」

こうした流れの中で、あらためて「教養主義」を見る。「教養主義」は「文化の享受を通して行われる人格の向上」を説いた。従来ならば、儒学や国学が得意とした修養である。ところが「教養主義」はそれらには目を向けなかった。

そもそも明治期の「修養論者」たちが「儒学・国学」に言及しなかった。伝統とは切り離れた、西洋の理論枠組みをもって、新たな時代の「新しい修養」を語ろうとした。では、明治の「修養」は西洋由来か。あるいは、いかなる西洋の思想に、いかなる日本の伝統を「接ぎ木」しようと試みたのか。

明治の日本は、西洋におけるキリスト教に匹敵する精神的伝統を必要とした。「国民」が共有すべき生活規範。正確には、特定の宗教に依拠することのない新たな「生き方（通俗道徳）」。それを共有することによって人々が「国民」意識を高めてゆく理念。

明治期「修養論」はそうした時代の要請に応えようとした。与えられた境遇の中で自己を磨く。そして、自らを高める仕方で、立派な「国民」となってゆく。あるいは、「国民」として国民国家の中に組み入れられてゆくことが「自らを高める」ことになるという筋道を、修養は示した。「国民」となるべく「調教される」。というより、自ら進んで「調教されて」ゆく。自発的に服従する仕方で「主体」となってゆく。

では、修養は「規律訓練《ディシプリン》」にすぎないのか。一度江戸期の豊かな話に耳を傾けた上で、あらためて、この問いに戻ることにする（本書Ⅱ部補論）。

＊コラム③　明治期の修養論

明治期後半（日露戦争前後から）日本の社会は変動期に入った。国家はますます強固になった。国家のためであれば、個人が制約されても仕方ない。国家に対する義務の意識が高まった。しかし近代的な自我に目覚めた青年たちは屈折する。その多くは国家に背を向け、私的な生活に籠った。「煩悶」「厭世」の時代である。

その時期に「修養」が一世を風靡した。さしあたり、悩める青年たちに向けられた処世訓と理解される。日々の暮らしの中で小さな努力を続ける。「朝起きた後、五分間、自室で黙視する」。それが積み重なると大きな力になる。人生に対する忍耐力を養い、自分で自分を作り替えてゆく努力を説いた。

修養書がブームになり、加藤咄堂『修養論』、新渡戸稲造『修養』などベストセラーが続いた。あるいは、「修養」に関する雑誌が創刊され、禅の流れ（『修養』明治四〇年創刊）、陽明学の流れ（『修養界』明治四六年創刊）など、多くの議論が展開された。

代表的な論者としては、加藤咄堂、新渡戸稲造のほか、真宗大谷派の僧侶でヘーゲルを学んだ哲学者・清沢満之《きよざわまんし》、同じく真宗大谷派の僧侶で「無我苑」を開き「無我の愛」

を説いた・伊藤証信《しょうしん》、独自の神秘体験を持った・綱島梁川《りょうせん》、さらには、キリスト教の立場から、内村鑑三、植村正久、徳富蘇峰なども修養を説いた。また「丁酉《ていゆう》倫理会」が宗教学の姉崎正治らによって組織され、修養を学問的な倫理研究の中に位置づけようとした。

加えて、西田天香《てんこう》は「一燈園」を開き、蓮沼門三《もんぞう》は「修養団」を設立し、田澤義鋪《よしはる》は「青年団運動」に尽力するなど、修養を中心とした運動も広がった。岡田虎次郎が「静坐法」を始めたのもこの時期であり、真言宗の僧侶であった藤田霊斎は「調和道」を説き、細菌学者・二木《ふたき》謙三は玄米食を実践し、腹式呼吸の講演をしたことが縁となって、蓮沼の修養団とつながった。運動は相互に関連し合っていたのである。

その思想的傾向は多様であり、整理し難いが、類型化の試みはある。例えば、筒井清忠は、青年たちの不満に対するメッセージを、以下のように類型化する（前掲書・筒井清忠『日本型「教養」の運命』）。（一）成功否定型（社会的成功の価値を否定する）。（二）成功不問型（結果は問わない、最善を尽くすことが大切）。（三）修養手段型（修養自体は目的であるが成功の手段にもなる）。（四）目的多元化型（宗教的達成と経済的成功を同値する）。（五）目的付加型（「世を益し他を利せん」とする）。

また、升信夫は、「修養」が話題になり始めた頃（明治中期）に焦点を当て、六通りの類型を提案する（前掲・升信夫「明治中期「修養」の類型化」）。（一）外形修身型（修養のプロトタイプ。古典の素読を通して伝統的な徳を身に付ける）。（二）事上磨練型（陽明学の流れ。事に臨んで行動に移す胆力を大切にする）。（三）内面涵養型（徂徠学、国学の内面重視と重なるが、むしろ近代的自我による内的世界の探究）。（四）有限自覚型（清沢満之に代表される。修養では救済されない、信仰によるしかない）。（五）忠君愛国型（国家への忠誠心を重視する教育勅語の精神）。（六）立身処方型（現世利益の手段として内面涵養。「名士を訪問すること」が修養であるともいう）。

こうした類型化の座標軸については、「文化習得の有無」、「出世志向（現世利益肯定）」、「脱俗傾向」、「身体的実践の有無」など本書でもたびたび検討することになる。

さて、修養の特徴として、例えば、「人格の完成」がある。しかしその内実は、胆力の養成、内面の向上、自己の省察など多様である。身体的実践が（「行」や「習慣」として）強調される場合もあるが、読書を通して人格を向上させる場合もある。「大衆化」に注目することもできる。古今東西の知恵を大衆化し実際に役立つようにした。その場合、「実践・実際・実行」が重要になり、陽明学と親和的になる。

また、「青年への対応」として理解することもできる。この世代の青年たち（一九〇〇年代に成人した世代）は幕末の内乱を知らず、自由民権運動の高揚も体験しなかった。

「立身出世」の情熱も行き詰まりを見せていた。そうした「ゆるみ」の中で「不満」が生じる。その不満に応えるために大人たちは修養を説いた。「努力による人格の完成」を説くことによって青年の自己変革を促したことになる。

さらに、その特徴を「庶民道徳」と見ることもできる。その場合、西洋のキリスト教に匹敵する精神的基盤の確立を急務とし、特定の宗教に依拠しない「国民に共有される道徳」を求めた時代背景が重要になる。修養は「国民国家的な共同意識の形成」の中で語られた。

以上のような議論を踏まえた上で、本書は、明治期の修養を、江戸期の思想と関連させてみる。新渡戸は「武士道」に対して「平民道」と語ったことがある（新渡戸稲造「平民道」『新渡戸稲造全集』4など）。それに倣えば、江戸期から明治期へとつながる「武士道と平民道（庶民道徳）の重層的なエートス」を、本書は「修養（広義の修養）」という言葉で捉え、現代にもつながる地下水脈として理解しようとする。

＊コラム④　修養の折衷主義

修養の「折衷的」性格を、新渡戸の思想に即して、見事に論じたのが鶴見俊輔の論考「日本の折衷主義――新渡戸稲造論」である（『近代日本思想史講座』3筑摩書房、一九六〇年）。

鶴見は近代日本における折衷主義の正統を「明治国家を創立した尊王・開国の思想（伊藤博文・井上馨など）」に見る。そしてその正統は新渡戸によって引き継がれたという。新渡戸の思想は「国家体制の奉仕者」を育てた。新渡戸から教えを受けた人たちは官僚となり、大正・昭和時代の日本国家を管理した。

新渡戸の折衷主義は、修養論と国体論という二つの部分から成り立つ。前者は「個人の人格」を軸として成長し、後者は「現実の日本国家」を軸として政策を担当する。重要なのは、その両者が対立せず、重なり合う点である。個人の修養が国家の安定をもたらす。この点が「大正・昭和の時代の父親・母親たちに安心感を与えた」。と同時に、鶴見によれば、それは朱子学的修養モデル（「修己治人」）と同型である。のみならず、そのモデルは、戦後日本においても正統の位置を占めるのではないかと問い掛けるのである。

新渡戸の修養論は個人があらゆる思想や経験から「自分のために養分を吸い取る」筋道を用意する。そのためには、毎日定期的に、身体をもって実践するのがよい。早く起きる、毎日少しずつ貯金する、毎日日記をつける。そうした習慣が積み重なって「事業」が可能になる。そのためには、毎日少しずつ長期間にわたり服用する計画が必要になる。例えば、新渡戸は一日一ページずつ読み、一年に三六五ページ読む本を編んだ（大正期のベストセラー『一日一言』）。朝食の後、仕事に入る前に、一頁読む。一分ですむ。しかし毎日続ける。そうした習慣を勧めたのである。

内容は多岐にわたる。キリスト教からの引用は少ない。日本の古歌を引用し、勅語（教育勅語・戊辰勅語）の引用もある。あらゆる思想から「自分のために養分を吸い取る」筋道をつけることを目的とした。

鶴見によれば、折衷主義は「一つの思想流派に自分を結びつけない」。思想（原理・原則）を中心とするのではなく、状況を中心にする。そのつどの状況の中で、最適な道を探る。鶴見は「思想調合処方箋」という。多様な思想を調合してその場に最も適した思想の分量を処方する。個人に対する思想服用の処方箋が「修養」であり、国家に対する処方箋が「国体（国民的習慣）」である。

しかも新渡戸の話は具体的であった。「今までにうまくいった有益な事業の例を記述し、その例の中からその事業のこつというべきものを抜き出して分析するという方法」。あるいは、「具体的な行動の失敗・成功の分かれ目となる急所をわきまえる」。つまり「例からしか説けないという思考方法」が新渡戸の特徴であり、そのおかげで「事業人たち」から世間知を引き出すことに成功した。

なお、鶴見によれば、そうした「具体的なもの」への固執は、社会学者マンハイムの定義する「保守主義的思考」に合致する。保守主義的思考は、理論から出発せず、「状況内で実現された具体的なもの」から発想する。新渡戸の思想は本質的に保守主義的思考であり、「状況本位の折衷主義」に近づいてゆくというのである。

新渡戸は多様な思想を受け入れる。「清濁併せ呑むというような度量がある」。偏見も迷信も無視しない。それらを利用してでも国を治めなければならない。我々が今それによって生きている習慣の精髄を大切にする（そして西洋に紹介する）。

そこで穏健な国家主義となる。支配者と被支配者が一体となって国家を発展させてゆく。そのためにはあらゆる技術や思想を折衷する。対立させるのではない。批判的に吟味するのでもない。折衷させながら「自分のために養分を吸い取る」。そのかわり、国家の動きに対する「批判の機能」を著しく欠くことになる。

さらに鶴見は、新渡戸の「やさしさ・あたたかみ」に目を留め、「パースナリズム(私的関係主義)」の問題を指摘し、こう問いかける。「パーソナルな親切に対してパーソナルな親切をもって報いるという日本人の伝統的心性が、権力に対する批判の感覚を摩滅させ、知らず知らずの中に、国家の取る方向に対する大局的批判の放棄への道を作ってゆくという、新渡戸思想の持つ危険について、どうしたらよいか」。

そして、まじめで穏やかな新渡戸的な折衷主義思想の延長線上に、「新渡戸ゆずりの穏やかな趣味をそのまま引き継ぎながら、穏健な超国家主義、軍国主義、全体主義が生まれる」。そうした危険をどうしたらよいか。

鶴見は新渡戸の著書が「古くなっていない」という。むしろ、「戦後の日本においても正統の位置を占める」のではないか。とすれば「新渡戸の折衷主義の性格を描き出すことが、我々の立つ場所を見定めることにもなるであろう」というのである。

本書も「修養」の折衷的性格を見ようとする。それは私たちの立つ場所を見定めるためである。

なお、修養の持つ「批判機能」の欠如については、宮川透「日本思想史における修養思想」も重要である(同『日本精神史の課題』紀伊国屋書店、一九八〇年)。宮川は、清沢満之に即して論じ、国家や社会制度との緊張関係の中で「修養」を考えるのではなく、国家の要請を受け入れた個人が、絶対や無限との関係の中で、自己の成長を考えたという。そして「類・種・個」の論理と関連させ、「種」の地平の弱さを指摘する（本書一七八―一七九頁）。天皇制国家（種）の暴力に対して、個人の内面世界を確保しようという志向は持つのだが、しかし、一方では内面的な自己支配（個）に諦観を見出し、他方では絶対や無限（類）を希求するのみで、外面世界（種）に対する抵抗の拠点を構築することがなかったというのである。

Ⅱ

社会の中で——修養の古典的ナラティヴ

稽古の場合、稽古によって「社会がよくなる」とは願わない。稽古が「よい家庭を育てる」とも考えない。稽古は「技芸」を磨き、我が身と向き合う。稽古が社会に出てゆく必要はない。

それに対して、修養は社会と結びつく。修養によって「社会をよくする」。むしろ「社会をよくしたい」なら、まず、修養せよ。自らを修めた者でなければ、民を治めることはできない（「修己治人」）。それが伝統的な儒学の理解であった。

しかも（中国や朝鮮半島には）科挙制度があった。その制度においては「修養」なしには出世できない。というより、官吏登用試験に合格するための、今で言えば受験勉強が、科挙制度における「修養」である。そして朱子学が「正解」である。朱子学を超えてはいけない。批判してもいけない。ひたすら朱子学に従って生きることが、科挙制度における「修養」であったことになる。

徳川儒者（江戸期の日本の儒者たち）も朱子学を学んだ。しかし科挙制度がなかった江戸期の日本においては、朱子学を学んでも出世につながらない。徳川儒者たちは、出世のためではなく、自らを高めるために、朱子学を学んだ。

ということは、朱子学に縛られる必要もなかった。それを批判し、そこから離れることも自由である。「正しく」生きる道を自分で求めた。エリートの養成とは限らない。庶民の立場で考えてもよかった。いかに身を修め、いかに心を養うか。

しばらく徳川儒者の語りに耳を傾ける。「修養 cultivation」の古典的な姿である。

第3章　修養は「出世の心得」――朱子学の構図

修養はかつて「役人（行政官・統治者）」になる道であった。出世するためには修養が要る。修養を積み、己を修めた者が、民を治める。朱子学はそう説いた。

たとえ現代の私たちには奇妙に聞こえたとしても、十三世紀以降の東アジアの儒者たちは、そう信じた。修養なしには出世できない。人格が完成して（己を修めて）初めて、民を治めることができる。その理解を共有していた。

「修己治人」

朱子学では「民を治める人（統治者）」は「徳」の有る人である。人々の模範である。統治者が「礼」に沿って正しく振舞う時、人々はそれに従う。強制するのではない。人々は統治者の正しい振る舞いに憧れ、その姿に倣う。そうした「感化」こそ「統治」の本来の姿である。法や刑罰で強制するのではない。強制せずとも人々が憧れ従いたくなる「徳」の有る人物になる。そのために修養が要る。まず身を修め人格を完成させ、徳の有る人物となって、初めて民を治める。「修己治人《しゅうこちじん》（己を修めて、民を治める）」と語られた。

＊「修己治人」は『大学』が語る「八條目」。前半五項目（格物・到知・誠意・正心・修身）が「修己」と呼ばれ、後半三項目（斉家・治国・平天下）が「治人」と呼ばれた。

では、徳のある人物とはどういう人か。「聖人たち」である。「経書（古代中国の儒学の経典『論語』『孟子』など）の中で語られた聖人たちの姿である。

その姿は宇宙の法則と合致し「天地自然の道」に沿っている。むしろ「天地自然の道」がそのまま人間の内に現れ出た姿を「聖人」と呼ぶ。したがって「聖人の道」はそのまま「天地自然の道」と調和する。

しかもその「道」は、社会全体の規範である。人の本性でもある。「道」に従う限り、人の本性に反することはなく、社会の規範から逸脱することもない。「道」においてはすべてがホリスティックに調和する。
「道」に従う時、自然と対立することはない。自然と一体になることがそのまま自己の実現になる。社会と対立することもない。社会と調和的に生きることがそのまま個人の実現になる。自己を抑圧することもない。「道」に従うことがそのまま自分自身の実現になる。

しかも朱子学によれば、「道」は私たちの内側に「内なる本性」として備わっている。人は皆、善なる存在として生まれてくる。ところが、人はしばしばバランスを崩し、「内なる本性」を曇らせてしまう。そこで本来の「内なる本性」を取り戻そうとする。それが修養である。修養とは本来の「本性」(「本然の性」)」を回復すること。「本然の性」が回復する時、すべてが調和する。朱子学はそう説いた(後述)。

徳川儒者(江戸期の日本の儒者たち)

では、どうすればよいか。「聖人の道」に従えばよい。そのためには「経書」を学ぶ。しかも「朱子の解釈に従って」読む。というより、朱子以外の解釈に従って読んではならない。朱子が理解したとおりに「経書」を学ぶ。それが朱子学における、「道」に従うことである。

しかも「科挙」制度がある。科挙制度においては朱子学が「正解・正統・正典」である。宋代以降の官吏登用試験においては、朱子学に沿って解答しないと及第しなかった。若者たちは公務員の就職試験対策として、ひたすら朱子学を学んだ〈学ぶしかなかった〉。「科挙」制度を持つ中国や朝鮮においては、朱子学は、そうした社会的意味を持っていた。出世したいなら朱子学を学ぶ。朱子学が嫌なら出世は諦めるしかない。〈修養を積み、己を修めた者が、民を治める〉とは、科挙制度のある国の若者にとっては、〈朱子学を学んだ者だけが登用試験に合格する〉ことを意味した。

ところが、科挙制度を持たない日本においては、事情が違った。江戸期の日本社会においては、朱子学を学んでも直接的には出世の役に立たない。では何のために学ぶか。学びたいから学ぶ。そこに魅力を感じ、それを学ぶことが自らを豊かにすると信じたから学ぶ。中江藤樹の「学問」は、まさにこの意味における修養である。「武士が学問するなど軟弱である」と嘲笑された藤樹が、にもかかわらず、朱子学に惹かれたのは、それが自らを高めると信じたためである。

しかも江戸期の儒者たちは、朱子学の権威に縛られなかったから、朱子学以外の仕方で「経書」を読もうとした。朱子学とは異なる解釈で「経書」を読む。あるいは、古代中国の元々のテクストに立ち返り、朱子学のフィルターを通すことなく、直接的に「聖人の道」に触れようと試みた〈例えば、伊藤仁斎の「古義学」、荻生徂徠の「古文辞学」〉。

彼らは出世のために朱子学を学んだわけではない。それゆえ、朱子学を批判的に読むことができた。そして朱子学批判を梃子《てこ》として、自らの思想を展開した。ということは、その思想的な土台はやはり朱子学であった。あるいはそれが「共通教養」となっていた。そしてどうやらそれは日本の儒者に限ったことではなかった。十八世紀の漢字文化圏の知識人たちは、皆、朱子学を「共通教養」としていた（伊東貴之「「心」と「身体」、「人間の本性」に関する試論――新儒教における哲学的概念の再検討を通じて」伊東貴之編著『「心身／身心」と環境の哲学――東アジアの伝統思想を媒介に考える』汲古書院、二〇一六年）。

「本然の性」と「気質の性」

あらためて、朱子学の人間論を見る。朱子学は性善説に立つ。人は皆、善なる存在として生まれてくる。人は皆、等しく本来の「本性（「本然の性」）」を与えられている。ところが個人個人の「性」はそれぞれ微妙に異なっている。朱子は「気質の性」という。「気質の性」はそれぞれ違った仕方で過不足がある。欲望に駆られるのは、「気質の性」が「本然の性」を上回った時である。「本然の性」は欲望に駆られたりしない。「気質の性」が優位になる時、本来のバランスが崩れ、欲望に駆られてしまう。あるいは、「赤子の心」

は、限りなく「本然の性」に近いのだが、大人になる過程で「気質の性」が強まり、「本然の性」を覆い隠してしまうことになる。

そこで「気質の性」を修正し「本然の性」を回復させる。朱子学は「復初」という。乱れた「気質の性」を正し、本来あるべき「本然の性」へと復する。それが修養である。

もし、生まれ持った「本然の性」をそのまま実現できるのであれば、外からの「教え」など必要ない。内なる「本然の性」に従えばよい。しかし実際には「気質の性」が勝るため、「教え」によって修正する。その「教え」こそ、古の聖人たちが書き残した「聖人の教え（経書の内容）」である。具体的には、「仁・義・礼・智・信」であり、あるいは、「礼・楽・刑・政」などの社会的制度である。

朱子学は、聖人の教えを規範として「気質の性」を正し、本来あるべき善なる「本然の性」を回復させる工夫（「復初」）を説いた。つまり「修養 cultivation」を説いた。

窮理と居敬

では「復初」は具体的にはどう実践されるのか。そこに「窮理《きゅうり》」と「居敬《きょけい》」という言葉が登場する。

まず、居敬は、意識を集中させ安静を保つこと。具体的には「静坐」として実践される。しかし坐禅のようにひたすら「坐る」ではなく、動きながら「動かぬ心」を守る。感情や欲望を謹《つつし》み、立ち居振る舞いを整える。心のざわめきを静めると同時に心の外のざわめきを静める。日々の暮らしの中で、場面に応じた「静坐」を工夫し、自らの「心」を「天」と一体化させようとする。

＊朱子（朱熹）をはじめとした宋代の儒者たちは禅から強い影響を受けた。しかし禅との違いを強調し、違いを際立たせるために壮大な理論を構築した。徳川儒者たちはその理論体系（朱子学）を学び、それに対する違和感を梃子として、自らの思想を展開してゆくことになる。

他方、「窮理（理を窮める）」は、静まった心をもって世界を見つめ、世界の「理（法則）」を把握する。正確には「格物窮理」という。ところが、格物窮理の最も良い手段は「書を読む」ことである。正確には「経書」を読むこと。なぜなら事物の「理」は既に経書の内に語られているから。「理」を窮めるには「書（経書）」を読むことが第一に必要とされたのである。

＊朱子学では「四書（『大学』、『中庸』、『論語』、『孟子』）」が大切にされ、とりわけ『大

学』が、最初に読む書として重視された。

「窮理」をめぐる問い

ここで一度立ち止まる。まず、こうした構図において学問とは「従う」ことになる。英国の社会学者R・ドーアの言葉を借りれば、朱子学では「尊宗の念だけが学問に接する唯一の正しい道」である。批判的・創造的に考える余地はない。「発明するに値する物はすべて聖帝が発明していたし、知る価値のあることは全部孔子が明らかにしていた。後の世代のなすべきことといえば、単にこの知識の集積を受動的に、そして謙虚に吸収することだけである」（R・ドーア『江戸時代の教育』岩波書店、一九七〇年、四七―四八頁）。

しかし丁寧に見れば、それは単なる「受け身」ではない。自らのうちで再確認してゆく営みである。確かに既に聖人において明らかであるのだが、しかし学問する当人にとっては明らかではなかった。それを自らの内で明らかにする。自らの内に「道」を露わにする（「道」が自らの内に顕れてくるようにする）。それを願った。

＊同じ「理」の追窮が貝原益軒のような博物学的関心へと向かう場合もあった。その場合は、書物の研究ではなく、自然界の具体的事物の中に「理」を求める研究となる。そして

そのためには朱子学を「読み替える」必要があった（本書9章）。

ところで「窮理」は天地万物のすべての「理」を極める（窮める）ことを目指すのか。陽明学の祖・王陽明が立ち止まったのもその点である。

「窮理」はすべての事物が「理」を持つという前提に立つ。すべての事物は無意味・無秩序に存在するわけではない。それぞれに意味があり、存在根拠がある、つまり「理」がある。ではそうしたすべての事物の「理」を窮め尽すのか。

その必要はない。碩学・井筒俊彦はこう説明する。経書を読み、事物の「理」を窮めてゆくと、ある時、次元転換が起こり、すべてを貫く「理」が体験されるようになる。すべての事物の「理」を窮めなくても、習熟の度合いがあるところまでくると、突然、すべてを貫く「理」を見ることのできる意識（「脱然貫通」）が拓けてくる（井筒俊彦『意識と本質』岩波書店、一九八三年、Ⅳ章）。

実は、初めから「理」はただ一つの「理」であったのだが、初心者にはそれがわからない。そこで個々の事物の考察から始める。個々の「理」をバラバラに見る。それらが実は、ただ一つの「理」であるとは理解できない。ところが、習熟の度合いが高まると、突然、ただ一つの「理」であることが体験される。「窮理」はそれを求める。そしてそれが「内なる理」と「外なる理」の合一ということになる。
朱子学の立場から言えば「窮理」とはそうした営みであったことになる。

＊後にみるとおり、伊藤仁斎は、朱子学的な「理」の重視を嫌った。「理」を重んずる立場は「残忍刻薄」である。理詰めで考え、（本質主義的に）善と悪を峻別し、悪を裁いてしまう。聖人の教えはそうではない。「善を伸ばし悪を減ずる」。しかもその基準は社会によって異なり、人と人との関係の中で決まってゆく。そこで仁斎は「理」と「道」を区別し、「道」を強調する。形而上学における「理」の理念ではなく、人倫社会における「道」を重視した（本書6章）。

＊コラム⑤　陽明学

陽明学は、中国・明の時代、王陽明（一四七二―一五二九）に始まる。陽明は朱子の解釈に異を唱えた。古典本来の姿に戻るべきである。既存の権威に従うのではなく、内なる権威に従う。自らの責任で行動する心の自由を説き、日本の儒者たちに大きな影響を与えた。

先にも見た通り、陽明は事物の理を「窮め尽す」可能性に疑問をもった。天地万物の理に「格る（いたる＝到達する）」ことができるのか。できたとしても、それが自らの心を正すことに資するか。大切なのは「内なる心を正す」ことではないか。

陽明によれば、聖人の道は内なる「性」に従えば分かる。外なる事物の追究は必要ない（「聖人の道はわが性みずから足る。さらに理を事物に求めしは誤りなり」）。「格物致知」の「知」は、外なる事物についての知識ではない。陽明は「良知」という。「理を見極める知（良知）」がはたらく時、万物はすべてその理を得る。

陽明学は外なる事物を追究せずに、自らの心（良知）を窮める。内面主義である。あるいは、儒学の歴史で言えば、宋代以降の「新しい儒学 Neo-Confucianism」が内面主義を深め、そのクライマックスに陽明学が登場したことになる（島田虔次『朱子学と陽明学』岩波新書、一九六七年）。

陽明学によれば「心」は全体として「理」である（「心即理」）。朱子学のように、心を「性」と「情」に分け、「性」のみが理（「性即理」）と限定しない。その上で、心の本体である「理」を万物の上に実現しようとする。それが「良知」の働きである。万物がその理を得ることが「格物」であり、良知が発揮され心の不正が正されることが「格物致知」である。

こうして陽明学は「心（良知）」以外の権威を否定した。内なる権威に従うことによって、純粋な心情と行動力を説いた（幕末の志士たちを惹きつけた）。

修養としては「事上磨錬《じじょうまれん》」を強調した。現実生活の「事」の中で修養する。「事に臨んで行動に移す」ためには、読書や静坐だけでは足りない。実践の中で「心」を磨く。しかし単なる実践の強調ではない。むしろ対象の本質を「体認」し、対象と正しい関係に入る。そのために心を正す。実践の中で自らの心を律することが求められていた。

江戸期の陽明学を代表するのは、中江藤樹とその弟子の熊沢蕃山である。蕃山の思想は、幕末期に脚光を浴び、藤田東湖、山田方谷《ほうこく》、吉田松陰などが傾倒した。大塩平八郎もこの系統に属する。大塩は陽明学をほとんど独学し、私塾で子弟を指導した。江戸の佐藤一斎とは頻繁に書簡を交わしていたという。

佐藤一斎は、昌平黌《しょうへいこう》の塾頭であったから、公には朱子学を講じたが、その語録『言志四録』には陽明学の色合いが散見される。『言志四録』は、西郷隆盛が座右の書とするなど、幕末の志士に大きく影響を与え、新渡戸稲造も『修養』の中で多くを引用した。

しかし江戸期の賢者たちは、陽明学の危険を察知していたようである。陽明学は、朱子学を学んだ後に、学ぶべきである。朱子学の基礎がないまま陽明学を学ぶと、未熟な私欲を「良知」と勘違いする（例えば、備中松山藩の陽明学者・山田方谷はそう見た）。陽明学は内なる権威に従う。各自が自らの判断で（良知に従って）行動し、それ以外の権威は認めない。ということは、その「良知」を見誤ると歯止めが効かない。独善的で過激になる。そうした危険を孕みつつも、陽明学は、純粋な心情と行動を説き「事上磨錬」を強調した。

明治の修養論に登場する「胆力」はその展開である。実践と切り離れた「心」ではない。「胆力」は実際の場面で試される。それが、現世利益の手段となる場合は「立身出世」に向かい、養生とつながる場合は「宇宙との一体」になった。なお、明治期の教育学が「ヘルバルト理論」をこうした陽明学の地平で理解していたという指摘は興味深い。

本書の「修養 cultivation」は陽明学と親和的である。

第4章　修養は必要ない——荻生徂徠の論法

朱子学の修養は統治者の必要条件であった。儒学の伝統においては「修養」は「政治」と深く結びついていた。

荻生徂徠はそこを切り裂いた。政治を修養から切り離し、政治を独立させた。政治のために修養は必要ない。修養を積んだところでよき統治ができるわけではない。そう考えたのである。徂徠の批判は当時の思想界を騒がせた。その批判が朱子学の構図を根底から覆すものであったためである。

＊徂徠は、政治を「人為的な行為」と理解し、人間の作為や主体性を強調した。政治は統治のための作為である。そしてその「作為」を重視した丸山真男は「徂徠学」中心の近世儒学像を提示した（論文「近世儒教の発展における徂徠学の特質並びにその国学との関連」

一九四〇年)。当然その流れにおいて「修養」が注目されることはなかった。

人為的な制度

徂徠によれば「聖人の道」は天地自然の道ではない。朱子学の否定である(朱子学は「聖人」の姿を天地自然の法則そのものと語った)。「聖人の道」は聖人たちが人為的に作った制度にすぎない。統治のために必要な規範(「礼楽刑政」)として設定したにすぎない。聖人たちは「天地自然の道」に従ったのではなく、あくまで、民を統治するための策として人為的に制度を作成したのである。

とはいえ、聖人たちが任意に制度を設定したわけではない。そうではなくて、人間に共通する「人間性」を踏まえている。徂徠は「人情の常」と呼ぶ。「聖人の道」はそうした「人情の常」を踏まえていたために、人類に共通する統治の模範となった。

あるいは、徂徠によれば、人々はそれぞれ生まれ持った「気質」を持つ。その気質を「養い」、その特質を生かすのが「学問」である。個人は学問によって自らの持ち味を生かし、統治者はそれを上手に組み合わせて使う。個性尊重の人材登用論である(渡辺浩『近世日本社会と宋学』東京大学出版会、一九八五年)。

そうであれば「統治される民」に学問は必要ない。統治される民は基本的徳目さえ心得ておけばよい。学問は徳の形成とは関係がない。ましてすべての人が学問を通して聖人になることなど想定されない。徂徠は基本的に「民は愚なる物」と考えていた。

＊「学問は文字を知るを入路とし、歴史を学ぶを作用とすべし。民間の輩には、孝悌忠信を知らしむるより外の事は不入なり。（中略）その外の学問は、人の邪智をまし、散々のことなり。民に邪智盛んなれば、治めがたき者なり」（『太平策』）。

礼楽によって感化する——しかし「自得」を促す

では、いかに民を治めるか。「礼楽」に依る。習慣や作法である。日常生活の習慣に働きかけることによって民を感化する。民の一人ひとりに働きかけるのではない（修養を勧めるのではない）。制度を設定し、習慣を変える仕方で、民を感化する。

しかし、言葉で説明しないと人々は理解できないはずであるのに、なぜ「言葉で教えない礼楽」が言葉に勝るのか。「化するが故なり（感化するためである）」。礼楽は知らず知らずのうちに人を感化するから、言葉に勝る。

徂徠はこう説く。言葉で理解した場合、人は、その言葉以上のことは考えない。言葉で教えることとの最大の問題は、「人をして、それ以上考えないようにさせてしまうことである（人をして思はざらしむるにあるのみ）」。それに対して、礼楽は、言葉で教えることがないから、「自分で考えないことには理解できない（思わざれば喩《さと》らず）」（『弁名』）。

ということは、礼楽は最後には人々に「自ら考える」ことを促している。教育思想史の辻本雅史はこう説明する。「礼楽の教えは、人々を思考へと駆り立てるようにできている。学習者に自発的な思惟を喚起させるようにできているのである」（辻本雅史『思想と教育のメディア史』ぺりかん社、二〇一一年、五六頁）。

つまり逆説が折り重なっている。まず、統治論（社会教育）として言えば、言葉で教えても効果がないから、礼楽（習慣・作法）で教える。礼楽は知らず知らずのうちに人を感化する。強制的な抑圧ではない。「講釈（説教・講義）」によるのでもない。習慣や作法を「しきたり」として設定し、日常生活の習慣として馴染ませる。民の側から言えば、思いがけぬ所に仕掛けがあり、気づかぬうちに統治者の思い通りに向かっている（「いまだ喩《さと》らずといへども、その心志身体、すでにこれと化す」『弁名』）。

しかし思考の禁止ではない。むしろ最後には自分なりに考え自分なりに納得する（「喩《さと》る」）ことを勧める。徂徠は「自得」という。しかし個人が自らを高める（修養する）のではない。共同体で共有される「しきたり」を身につけ、身につけた後に納得し、自得する。とはいえ、それ以上は期待されない。「しきたり」を疑うような思考（批判的精神）は期待されない。徂徠の学問は一種の「君主論」である。いかに巧みに民を統治して政権を永続させるか。支配者の「道」を説いたのであって、被支配者の「道」を説いたわけではなかった。

ところが、学習論（個人の成長）と見てみれば、徂徠は繰り返し「習う」必要を語る。個人道徳のための修養は拒否するのだが、「習熟」「自得」「感化」など、人が学び成長するプロセスについては語り続けた。とりわけ模倣を重視した。考えるのではなく、ともかく模倣する。初めは考えたりせずにひたすら真似るのがよい。しかし馴染んでくると、自分なりに考えざるを得なくなる。そして自分なりに考えて初めて「自得」が可能になる（とはいえ、必ず「自得」に至るとは限らないと付け加えるのが徂徠である）。

理解してから習うのではない——逆説の先の「自得」

徂徠は学問の基本を「模倣」と見ている。「聖人の教え」を模倣する。しかしその心を模倣するのではない。あくまで具体的な形を模倣する。この点で徂徠は朱子を批判する

（正確には伊藤仁斎も一緒に批判する）。「二先生（朱子と仁斎）」は、「聖人の道を学ぶことを務めずして、聖人の学ぶことを務むるのみ」（『弁名』）。

重要なのは、「聖人の道を学ぶこと」と「聖人を学ぶこと」の区別である。前者は「聖人が学ぼうとしていた理想」であるのに対して、後者は「聖人の姿そのもの」。その具体的な身の振る舞い方である。徂徠によれば、私たちは後者（聖人の姿）を模倣すればよいのであって、その先の理念（内的精神）を求める必要はない。

＊有名な「先師の求めたるところを求めよ」という言葉の正反対である。師が求めた理念（内的精神）ではない。むしろ「先師の具体的な身の振る舞い」を真似る。聖人の心を学ぶのではない。聖人の姿をそのまま真似る。徂徠はそう説いた。

理解してから習うのではない。最初はともかく繰り返す。繰り返していると慣れてくる。具体的な姿が身についてくる。身についてしまうと、いずれ、身体全体で納得できる時が来る（体得する）。「習熟する」ともいう。理解してから習熟するのではない。まず習熟し、その後に知る（「習熟するの至りで、しかるのち真にこれを知る。故に知は必ずしも先ならず、行はかならずしも後ならず」『弁名』）。

こうも言い換える。「習ひて以てこれに熟し、黙してこれを識る」（『弁名』）。まず慣れ

（「これに熟し」）、そして「識る」。この「識る」は、「事に従ふ」とも言い換えられる。事物を自分の枠組みに入れるのではない。自分の思考枠組みを使う前に（理解する前に）、事物に従い、事物に慣れてしまう。事物そのままの姿を身に受けようとする。

＊徂徠の「古文辞」の方法も同じ発想である。徂徠は言葉の「姿（形）」を重視する。「姿」と「意（意味内容）」を区別することなどできない。「意」のみ理解するとは、実は自らの思考枠組みに合致させて文を理解することである。徂徠は「言葉の姿」に似せよと説く。姿に似せるとは、他者の枠組みに従い、自分の枠組みを砕くことである。自分の立場から離れ、対象そのものになる。それが「古文辞」の方法であった。

ところが徂徠は、その先に「自得」を置いた。例えば、「聖人の教えは、みな、それ自得するを待つ」（『太平策』）。教えるだけでは足りない。教えは「その人が自得する」ことを待つ。その人が、自分の中で納得し、自分なりに獲得し直して、初めて役に立つ。教えられただけの知識は役立たない。徂徠は「考える」ことを重視した。「自得する」とは、自分なりに考え直すことである。初めから考えるのではない。あくまで、自分の中に受け入れたものを「考え直す・掴み直す・咀嚼し直す」。初めから考えるのではない。

つまり二段構えである。模倣する時は、考えない。ともかく馴染んでしまう。しかし馴染むことが最終目的ではない。今度は「自得」が課題となる。「自分なりに考え直す」ことが要求される。考えないことには理解できない。

言い換えれば、徂徠は「習う」ことを勧めつつ、その惰性化を危惧したことになる。馴染むことによって固定化してしまう危険。そこで「自分で考える」。自分で考え直すことによって惰性化を防ごうとした（この点においては、徂徠の発想は、稽古や修行に近い）。

「理をもって」ではなく「物をもって」

なお、徂徠は自らの学問を「物を以《もっ》てする」と言う。「理を以てする」学問（朱子学）への批判である。朱子は「窮理（理を窮める）」を優先した。具体的な姿より、その背後に潜む「理」を重視した。徂徠によればそれは経書に反する。経書の教えは「物を以て」するのであって「理を以て」するのではない。経書は単なる言葉ではない。「事実」そのもの、「事物」そのものである。

のみならず、徂徠は「窮理」を危険と見た。理を窮めてゆくと「天や鬼神」に対する畏敬の念が薄れてしまう。伝統の叡智を無視することになる。正確には、理を窮めてゆくうちに「理を窮める自己」が独立し「主体」となる。「事物を対象として操作する主体」となって特権化する。その時、「事に従う」ことはない。まして「事を事とする」ことはできなくなる（黒住真『近世日本社会と儒教』ぺりかん社、二〇〇三年）。

＊「事を事とする」は徂徠の言葉である。人間が事物を操作するのではない。「事」がその本来の姿のままに顕れる。「対象化」しない。同時に人間が「主体（操作主体・観察主体）」にならない。人間が「事」を「対象 object」にすることなく、また「対象を操作する主体 subject」にならない。「事（世界・自然・事物）」との特別な関わり方、あるいは、そうした「事」の顕れ方。その限りにおいて、西田幾多郎の「物来りて、我を照らす」と同じ事態である。強いて言えば、その「我」すら透明になり「事」だけになった地平を「事を事とする」と言い当てたことになる。

人間が傲慢になり、自然の摂理を軽視する。徂徠はそれを危惧した。

従来、徂徠は、儒学思想が近代化する転換点と理解されてきた。そして実際、徂徠は政治を「人為的な作為」と理解し、人間の主体性を尊重した。ところが学問の方法においては、徂徠は、人間中心の発想を警戒していた。そして人間が「主体」として世界から独立することを戒めた。「主体」として独立した人間は「聖人の道」に示された姿ではない。事物を操作する主体となった人間は経書が示した聖人の姿ではない。徂徠はそう考えていた。

第5章　正しくありたい——中江藤樹の願い

修養は「道徳」に関わる。しかも庶民の道徳に関わる。エリートの養成ではない。日本の儒者たちは、自らの人生の中で問いを深め、暮らしに即して修養を説いた。いかに生きるか。いかに身を修め、心を養うか。

以下、三人の儒者を見る。中江藤樹（一六〇八—一六四八）、伊藤仁斎（一六二七—一七〇五）、石田梅岩（一六八五—一七四四）。三者ともに違った仕方で自らに誠実であり続けた。そして庶民に修養を説いた。

この三人については、その生育史を少し丁寧に見る。それぞれの人生の歩みとその思想を切り離すことができないためである。

慕われ続けた「聖賢 Saint」

藤樹は十一歳の時、初めて『大学』に出会った。そして、天子（支配者）と同じく庶民も身を修めることができると知って感激した。支配者のみが「道の実現」に努めるのではない。庶民にも「道の実現」が可能である。

そして独学した。「学問などすれば武士として軟弱になる（「がくもんする人は、ぬるくて武用の役にたちがたかるべき」『翁問答』）。そう語られた時代、周囲の冷笑を避けて、夜半に書を読み続けた。特定の師を持たなかった彼に、それ以外の方法はなかった。まず初めに朱子学、そして老荘、いずれ陽明学に至り、日本陽明学の祖とされる。しかし目を内側に向け、古典と対峙した藤樹に、学派は関係なかった。

出世も名誉も権威も藤樹には縁遠かった。若き日、伊予大洲藩に仕えたことがあったが、母の孝養を願って脱藩し、生地に戻り村で暮らした。

そうした姿を、内村鑑三『代表的日本人 Japan and the Japanese』（一八九四年）は「村の先生」と紹介した。内村によれば、「先生」という日本語は、尊敬と信頼と感謝をこめて、弟子が「師」に呼びかける際の呼称である。藤樹は村の「先生」であり、村人たちから慕われた。そして自らはひたすら「謙譲」に徹した。藤樹は「正しくありたい」という願い以外には何の願いも持たなかった。「藤樹の外見の貧しさ・簡素さは、その内面の豊かさ・多様さと比較する時、あまりにも不均衡であった」（内村鑑三『代表的日本人』岩波文庫、一九九五年）。

内村は藤樹を人知れぬ山奥に暮らす「聖賢 Saint」と紹介している。名利を離れ、ひとり静かに徳を積む。そして村人たちから慕われる。「この村では、父は子にやさしく、子は父に考養を尽くし、……誰もが穏やかな顔をしている」。村人たちは、先生を思う時、自然とそうなっていた。内村は中江藤樹をそう描いた。人知れず徳を積み、村人から慕われ続ける「村の先生」。「修養」という言葉の原風景のひとつである。

「独を慎む（ひとりをつつしむ）」

藤樹は「独を慎む」という。それは「欲を克去する工夫」である。名利の欲が湧き起こる時に、自ら省みて、欲を克服する（「我心の一念が起こる所にて省察して克服する」『翁問答』）。その試みは他人には見えないから「独」という。

その代わり、そこに「良知を鏡として」と付け加える。人は生まれながらにして「良知」を備えている（陽明学の「良知」に由来するが微妙に異なる。現代語の「良心」に近い）。例えば、誰もが生まれもって「親を敬愛する心」を持っている。その心を基準として善悪を判断する。世間の目を気にするのではない。自らの内なる「良知」に耳を澄ませばよい。しかし単なる「心の工夫」ではない。まして一人で閉じこもるのではない。暮らしの中で実践する。日々の「人付き合い」の中で、そのつど「良知を鏡として独を慎む」。それを目指した。

藤樹は「修養」とは言わず「学問」と言う（本書四頁）。「学問は心の穢れを清め身の行いを善くする」（『翁問答』）。藤樹の「学問」は「民」を教化する教えではなく、自らの「行」として実践されていた。

「悪」の根拠

興味深いのは「悪」の理解である。藤樹は人間における「悪」の根拠を「意」という。「意」とは「本心」から離れること。「抜け殻」としての心である。「空殻子《くうかくし》」という面白い言葉も使う（『孝経啓蒙』）。

本来の「身」は「身心一体」である。「道（形而上のもの・心）」と「器（形而下のもの・

身体）」が一体であった（「道器合一」）。ところが、道と器が分離する時、心が「空殻子」となる。そして「意」が生じる。身体から離れた「心」に「意」が生じ、その「意」がさらに心を身体から切り離す。それを人間における「悪」の源泉と見た。

なお、一説によると、藤樹は生涯にわたり「病（喘息）」を抱え、その病を、内に巣食う「意」の証拠と見ていた。その指摘に倣えば、「意」はむしろ「身体」に生じたことになる。「身心」が切り離れる時、「（空殻子としての）身体」に「意」が生じる。本心は「楽」である「身心」が、意によって切り裂かれると、楽が失われ、苦痛が生じる。それを正して、心と身体を一つにする。もともとの「本心（身心一体）」の働きに戻してゆく。それが藤樹の説いた修養（「学問」）であったことになる。

福と禍

藤樹は修養が成就すると「願望」が実現されると説いた。「天道」は、善を為す人には福を与え、悪を為す者には禍を与える（「福善禍淫《ふくぜんかいん》」）。ところが、現実には、善をなす者が幸福になるとは限らない。その問いにどう答えるか。

藤樹は、通常の幸・不幸とは異なるメタレベルの「福禍」を用意した。最高の「福」とは「善を為す心」である。善を為す者には、既に「善を為す心」という最高の「福」が与えられている。善を行いたいと願うこと自体が最高の「福」であるから、善を為す者は、既に「福」を与えられている。逆に、悪を為す者には「悪を為す心」という「禍」が与えられる。悪に向かうこと自体が「禍」であるとすれば、悪を為す者は既に「禍」を身に受けていることになる。

名利を離れひとり静かに内面を見つめた藤樹は、「正しくありたい（善を為す者でありたい）」という願いの他には何の願いも持たなかった。最高の「福」が与えられていたことになる。

＊コラム⑥　時と場に応じて

徳川儒者たちは古代中国の古典（経書）を規範としつつ、そこに示された中国の規範をそのまま踏襲すべきか悩んだ。今の時代には適さない。それでも経書の言葉を遵守すべきか。

中江藤樹は個々の社会に固有の規範を見た。国が違えば言葉が違い、風俗が違う。ならば、それぞれの風習・礼儀に従うべきである。「道」は一律に固定されているわけではない。個々の状況に応じて柔軟に、そのつど異なる仕方で現われる。

「道」と「法」の区別である（本書九〇頁）。「道」は永遠に変わらないのに対して、「法」は時により場所により異なる現われ方をする。そして「よき法」がそのつど代わりうる「生きた法（活法）」であるのに対して、ひとつに固定された法は「死法」であって、実際の役には立たない（『翁問答』）。

そして「心」と「迹（せき・痕跡）」を区別する。経書が説いた礼儀の姿は「迹」である。それがそのまま時代を越えて通用するわけではない。しかしその本をなす「心」は時代を越えて妥当する。なぜなら「心」は、その時・その場に応じて（「時・所・位に応じて」)、柔軟に姿を変えて顕れるからである。

そして「権(けん)」という。「権」は自由な判断主体。個々の状況に応じて柔軟に対応し、新たな秩序を創出する可能性を秘めている。たとえ経書の説いた礼とは異なるとしても、しかし「道にかなう」。

とはいえ、「権」は聖人の「妙用」であるから、初学者には難しい。その乱用は危険である。そこで聖人は「礼法」を定めて模範を示した。ということは、礼法も元々は「権の道(聖人の自由な判断)」である。そうした事情を理解せずに「礼法」だけ守るのでは、聖人の本意を見誤り、「権道の妙」を見失うことになる。

その時その場に応じて自在に事態に対応する。既成の「礼法」に従うだけではない。状況に応じてそのつど柔軟に判断し、場合によっては、新たな秩序を創出する。藤樹の修養はそれを目指した。

しかし社会秩序の革新を説くことはなかった。やはり既成の風習・礼儀を重視した。やはり固定した社会規範を受容した。武士階級の優位を説いたわけではないのだが、その優位を覆すことは考えなかった。既に生きている社会の中で安らかに生きる。宇宙の根源である「内なる本心」と一体化して生きる。それが藤樹の修養であった。

第6章　日常の営みが「道」である――伊藤仁斎のたどり着いた地平

伊藤仁斎は京都の商家に生まれた。周囲の反対を押し切って学問に進み、初め朱子学に没頭した。ところが内向的傾向の強かった仁斎は、心の完全な静止状態（「明鏡止水」）を求めるあまり、精神的に追い詰められ、二十代後半、病を得て、世間との交わりを断ってしまう。三十代半ばまで、今で言えば「引きこもり」に近い状態であったことになる。

その中で仏教に触れ、禅に伝わる「白骨観法」を修めた。「白骨観」は内面的な観想の一つで、意識を集中し、自らの体が腐り白骨となった姿を「観る」。後年仁斎は、「自分の体を白骨と見るのみならず、他人と面しても白骨と対談しているように思われ」、世界がすべて「まぼろし」のようであったと回想する。若き仁斎は、それを修行の一過程とは理解しなかった。むしろ世界を「まぼろし」と見る危険を感じ、仏教を拒絶する。そして後年、仏教は自らの求道に明け暮れるばかりで「人倫を棄て、礼楽を廃する」と批判する。あるいは、仏教は「心を見るが、道を見ることが無い」と批判を繰り返すことになった。

三十半ばにして、（京都に大地震が起こった寛文二年・一六六二年）京都堀川の生家に戻り、塾を開く。講義形式ではなくゼミナール形式の研究会。しかも内面を顧みるのではなく、『論語』と『孟子』を読み議論し合った。

その中で朱子学に疑問を持つようになる。孔子や孟子（紀元前六世紀―三世紀）は、本当に朱子（十二世紀）が説いたように語ったのか。なるほど朱子は古の聖人たちの教えを体系的に再構成した。しかし孔子や孟子は、もともとは、日常生活に即したより具体的な話をしたのではないか。

そこで朱子の解釈から離れて『論語』を読み直した。孔子の原文に即して具体的場面を蘇らせ、孔子の生きた言葉を取り戻そうとした。その成果が『論語古義』となる。「古義」とは「オリジナルな意味」。朱子によって解釈されてしまう前の孔子の生きた姿を浮かび上がらせようとした。同様に『孟子』を読み直し『孟子古義』を著した（正確には、どちらも息子・東涯によって編集公刊された）。

仁斎にも師匠はいなかった。独学で朱子学を学び、仏教を学び、そしてどちらも捨て去った。そして最後は孔子と孟子に従った。しかしその注釈書はすべて拒否した。古典の注釈を積み重ねその伝授が学問の正統性を保証した時代に、仁斎は、すべての注釈を拒否し、ひたすら孔子と孟子の文章に耳を傾けることに専念したのである。

「日常・卑近」

仁斎は「日常・卑近」に還った。世俗こそ重要である。俗から離れて道を求めるのではない。仁斎は「近き（日常）」と「遠き（非日常）」を対比させ、「近き」を捨て「遠き」を求める教えを拒否する。「常（日常）」を嫌い「異（目新しいもの）」に趣くのは誤っている。

修養は、一見すると、「日用（日常）」に反するように見える。しかし修養を深める時、実は「日常の営みのすべてが道である」と理解される。

「俗の外に道は無く、道の外に俗は無い。しかしそこに一点の俗気も付かない。これこそ上達の光景である」（『童子門』中）。「俗」が「道」である。しかしその「俗」には「俗気」がない。

試しにここで「聖」という言葉を加えてみれば、仁斎は、「俗」から切り離れた「聖」ではなく、「俗の中の聖」を見た。あるいは、仁斎の「俗」に「俗気」がないとすれば

「聖化された俗」を見ていた。それを「実」と呼ぶ。「実」は真理である。仁斎にとっての真理は、日々の暮らしの「人間の営み」の中にある。人間を離れて真理は存在しない。真理は日常にあり、卑近なものである。

真理は日常（「卑しき」）にある。そこから離れる時、真理はない（「虚なる」）。学問（修養）は、日常・卑近を大切にすべきであって、それを軽んじる者は「道」を学ぶことができない。

＊「卑しきときは、自ずから、実なり。高きときは、即ち必ず、虚なり。故に学問は卑近を厭うこと無し。卑近をゆるがせにする者は、道を識る者にあらず」（『童子門』上、第二四章）。

「修為」という実践

仁斎の「学問」も「道徳実践」であり「修養」である。そしてそのすべてが孔子と孟子の教えに基づいていた。それ以外の特殊な修養法はなかった。孔子と孟子を読み、その教えを日々の暮らしの中で実践する。それゆえ「卑近」であり、「知ることも行うことも容易（易知易行）」と繰り返した。

ところがここに「修為」という特別な言葉が登場する。仁斎は「学問（学ぶこと）」を「本体」と「修為」に分けた（「学に本体有り、修為有り」『語孟字義』忠信・第五条）。「本体」は「理念や理想」である。直接的に習得することはできない。というより、それは既に実現されている。具体的には「仁義礼智」として実現されている。それらは修為によって獲得される徳ではない（「修為を待って後、有るにあらず」）。「仁義礼智」は既に普遍的なものとして実現されており、むしろ私たちはその中に住んでいる。それを土台として修養が可能になる。「本体」は、修養の目的ではなく、修養を可能にする根拠である（「これに由ってこれを行わしむ」）。

それに対して、「修為」は実践である。努力（「力行」）や工夫（「功夫」）が要る。では「本体」とはどう関係するか。「本体として」語られる限り、「道」は、人の実践とは関係なく、既に独立して存在している。それに対して、「修為として」語られる場合は、「道」は人々の実践を通してしか実現しない。人がいなければ「道」は存在しない（「人無きときは則ち以て道を見ること無し」『童子門』上、第二五章）。「仁義礼智」でいえば、（本体としては）既にあらかじめそれ自身で成り立っているが、（修為としては）人によって実践されることによってのみ実現される。つまり「本体」は、

「修為」が成立する根拠でありつつ、他方では、「修為」が向かう先の理想でもあった。

修為という「改良主義」

具体的な事例を見る。仁斎は「思いやり（「恕」）」を重視した。他者の痛みを知り、他者に対して寛容になること。しかし「思いやり」がそのまま「仁」ではない。理想的な「仁」を実践するのではない。日々の暮らしの中で他人に対して小さな「思いやり」を持つ。それが「仁」に生きることである。直接的に「仁」（本体）を求めるのではない。日々の暮らしの中で小さな「恕」（修為）に努めていれば、結果として、それが「仁」につながる。

「仁」（本体）は簡単には実践できないが、「恕」（修為）は努力すれば可能になる。そして「恕」を実践していれば、おのずから、「仁」も身につく（『童子門』上、第五八章）。

善と悪を峻別して、善を求めるのではない。少しでも良くしてゆこうとする（「善を長じ悪を短ずる」）。仁斎の発想は「改良主義 meliorism」であった。

こうした仁斎の思想は、すべて朱子学と対決する中で形成された。例えば、仁斎によれば、天地は生きている（「活物」であり「生生としてある」）。それが「実」ということである。しかも万物は「他のもの」なしには生きられないから、「通い合う」ことが重要になる。仁斎は「道」を「互いに通い合う」ことと理解した。

そうした仁斎から見る時、朱子学は世界を「死物」と見ている。世界を一定の存在の仕方に固定してしまう。「理」は、死物を捉える概念であるが、「活物」の生きた姿を捉えるには適さない。

人は「活物」である。「活物」は変化する。当然、失敗することもある。むしろ人が「失敗しないということはあり得ない（「過ち無きこと能わず」）」。しかしその失敗に気が付き、改善することはできる。失敗を恐れていると、人の心は死んでしまい、外面ばかりを取り繕い、内面は空虚になってしまう。

そう語る時、仁斎の念頭には、朱子学の「持敬」への批判があった（『童子門』上、第三六章）。「敬」は（後に山崎闇斎で詳しく見るように）常に自らを見張る。失敗せぬよう常に緊張する。そして失敗を恐れ消極的になり、他者を見る眼も厳しくなる。それを仁斎は嫌う。むしろ失敗して当然である。失敗しないことが大切なのではない。失敗を改めることが大切である（「過ち無きことを貴ばずして、能く過ちを改むるを貴ぶ」『論語古義』憲問二六）。人も世界も「活物」であればこそ、失敗を受け入れ、一歩ずつ改善してゆくべきである。仁斎は（おそらく若き日の体験から）、初めから完璧を目指す姿勢に対して、極めて警戒的であった。

さらに、仁斎の朱子学批判の核心は「理」にあった。朱子学は、個人の「性（生まれ持った本性）」と「理（天地自然の道理）」を連続的に見た。万物の根源である「理」が私たち人間の中にも備わっている。しかし普段は「性」が「理」から離れてしまっているから、その本来の姿を取り戻せばよい。朱子は修養を「復初」と理解した。

ところが仁斎は「理」を拒否する。それどころか「理」という形而上学的原理を考えると、やさしい心が消えてしまうという（「理によって断決すれば、則ち残忍刻迫の心勝ちて、寛裕仁厚の心寡《すくな》し」『童子問』中）。仁斎は「理」に頼らない。その代わり、他者に対して偽ることのない心情の純粋さを重視した。自己の心情に対する誠実さである。

仁斎はこう理解する。私たちは生まれつき「内なる善きもの（「性善」）」を備えている。

しかしそのままでは弱い（「虚」である）。そこで「修為」が必要になる。「性善」を支援し補強する必要がある。しかし一人ではできない。個人の内面では達成することができず、人間関係の中で初めて可能になる（初めて「実なるもの」になる）。

例えば、身内を愛することは難しくない。その思いを広げ、身内でない人も愛するように努める（「其の愛する所を以て、其の愛せざる所に及ぼす」）。「拡充」してゆく。本来の微弱な「性善」を広い人倫世界に及ぼしてゆく。

朱子が生得的な「性善」への回帰（復初）を願ったのに対して、仁斎は内なる「性善」を拡充し、外なる徳を実現することを願った。「教え」という助けを借りて拡充することを願ったのである（山本正身『仁斎学の教育思想的研究』慶應義塾大学出版会、二〇一〇年）。

古義学について

仁斎は朱子学を拒否した（朱子の『四書集註』を捨て、ひたすら『論語』と『孟子』を精読した）。直接、孔子と孟子の教えに向かう。朱子による（新しい）解釈ではない、聖人の（古えの）言葉に、直接的に推参すべきである。

その際、仁斎は、直感的に体得された「真意（「血脈」）」を大切にした。朱子によって真意が隠れてしまう前の「古典の真意（古義）」を、直感的に、テクストの内側から掴み取る。古の聖人の教えに直接触れる中で掴み取る。

しかも仁斎は、聖人の言葉が庶民の心に届くことを確信していた。聖人の言葉は「庶民の暮らし」の中で語られた言葉であったから、その言葉が庶民の生活感情と呼応しないはずはない。『論語』を読み『孟子』を読み、暮らしの中で生きること（「人倫日用」に生きること）。それを通して人倫が「実」であると確証される。

こうして儒学は、仁斎において、一般庶民に身近な学問となった。庶民は単に「為政者の徳」によって感化されるだけではない。庶民もまた徳を養う。儒学は、仁斎において初めて、庶民が徳を養うための学問となった。

仁斎によれば、朱子は、禅仏教に対抗すべく、無理し過ぎた。聖人の言葉を、老荘や禅仏教から守ろうと、形而上学的な理論で防衛し固めてしまった。仁斎はそうした「形而上学」を拒否する。そして「聖人の言葉」そのものに立ち返ろうとする。

和辻哲郎の評価に倣えば、朱子学が、形而上学の理論に即して孔孟の思想を解き明かした理論研究であったのに対して、仁斎は、歴史研究として、孔孟の言葉を歴史的に確定することに徹した。つまり「古典に対する歴史的認識の模範的な方法を示した」（和辻哲郎

『日本倫理思想史』下、岩波書店、一九五二年)。

朱子は、聖人の言葉を形而上学的な理論大系として提示した。それに対して、仁斎はその体系を、庶民の日々の暮らしの側から読み解いた。人の暮らしは、(仁斎の出自である町人世界をその典型として)他者との関係であるから、人間関係の問題が重要になる。仁斎は、庶民の日常を成り立たせている道徳の問題として、聖人の言葉を読み直したのである。

＊後に見るように、新渡戸稲造は「武士道」の平民版を「平民道」と呼ぶ(本書一五四頁)。その用語に倣えば、仁斎の「日常・卑近」も「平民道」である。しかし仁斎の「平民道」は後の「武士道」を批判する迫力を秘めていた。同様の構図は中国禅思想史でも見られた。初期禅宗集団は都の仏教界に迎え入れられた理論派(北宋禅)と、地方の農村に根差し日々の暮らしを大切にした流れ(南宋禅)に分かれ、後世から見れば、後者(南宋禅)が禅の「本流」となった(拙著『無心のダイナミズム』岩波現代全書、二〇一四年、第四章)。大地に根差した思想は強い。ところが、明治期の「修養」には「武士道」を揺るがす迫力がなかった。仁斎から見る時、明治期の「修養」は庶民の暮らしに根差していない。それは上から与えられた教説に過ぎなかったことになる。

第7章　天地と一体化した心——石田梅岩の教えと秘められた可能性

「心学（石門心学《せきもんしんがく》）」は江戸中期から後期の庶民教育である。神道・儒教・仏教を融合し、その教えを平易な言葉で説いた。石田梅岩《ばいがん》を祖として、手島堵庵《とあん》や中沢道二《どうに》によって広められ、講談師であった柴田鳩翁《きゅうおう》に至って「道話」という形式で多くの聴衆に歓迎された。その思想が近世日本の庶民社会に与えた影響は大きかった。

梅岩によれば、「悟る心」は神・儒・仏すべて同じである（「神儒仏ともに悟る心は一なり」『都鄙問答』「性理問答ノ段」）。それは、天地万物と一体化した心。万物と自分とが一体（「我と天地と渾然たる一物」）である時、その「心」を無心という（拙著『無心のダイナミズム』第八章）。

天地と一体となる

石田梅岩は、丹波の山村に農家の二男として生まれた。当時の慣習に従って京都の商家に奉公に出る。暇を惜しんで読書に励み、初め神道、後に儒学に学んで、世の人々の手本となることを念願する。師・小栗了雲《おぐりりょううん》に出会い、ある種の宗教的体験を得る。「無我無心にして天地を知らず」。世界も無く、我も無く、ただ雀の声より外、何も無い。むろんこの「雀の声」は、たんなる音（聴覚情報）ではなく、「雀の声」は天地万物全体を包み込み、自分自身も包み込み、すべてがその中に溶け込んでしまっている。

こうした一体化の感覚は、別の箇所では、こうも語られる。寝ている間も呼吸は「無心にして動く」。自分で意図的に呼吸するのではない（「我息には非ず」）。天地の陰陽が人のからだに入り、おのずから、形を取って動く。こうした「天地」を貫く気の動きが「無心の天」であり、その生成はそのまま善である。

宇宙秩序との一体感が「無心」であり、それに従うことが善である。梅岩の修養はこの「無心」に向かった。天地と一体となること。その地平で生きること。梅岩はそう説いた。

既成の秩序に従い「分を知る」

さて、そうした「無心」が、社会倫理の地平に移る時、「既成の秩序」に従う話となる。生れついた身分に応じて生きる従順な無心。

「柳は緑、花は紅と決まっているように、農民は農民、商人は商人と決まっている。与えられた職分の他に、何らか別の望みを持つならば、それは有心であって、無心の天に反する。天命に背くことである（柳は緑、花は紅、侍は侍、農人は農人、商売は商売人、職分の外に望み有らば有心にして、無心の天に違へり。違へば天命に背く）」（『石田先生語録』）。

与えられた職分以外の望みを持つことは「有心」（私心、欲心）であり、「天命」に背くことである。既成の秩序に従い「分を知る」。高望みせず、足るを知り、分に応じて満足する（「知足安分《ちそくあんぶん》」）。秩序を変えるとか身分から離れるという思いは「天」に背くことである。とすれば、支配者（武家）の側から見て、これほど都合のよい教説はない。封建社会の体制秩序を守る教えなのである。

こうした「順応の論理」は、批判的思考とは相容れない。むしろ、自ら考えることを放棄する。自ら考えることは「有心」であって「無心」に背く。もしくは、「赤子の無垢性」

を理想とする。赤子のように、与えられた分限の中で「無心の天」と一体となる陶酔感が、徳川儒者の特徴である（前掲書、黒住真『近世日本社会と儒教』）。

その意味において梅岩は典型的な徳川儒者である。のみならず「典型的な日本人」である。現世主義的であり、集団を尊重し、実際的な態度を持っている。

「天地自然と自己との一致という経験を支えとしながら、現世において、あたえられた集団とその秩序のなかで、いかに生くべきかという問題に専念した」（加藤周一『日本文学史序説』（下）、筑摩書房、一九八〇年、一五一頁）。

それが梅岩の説く「修養」である。そして本書の「修養 cultivation」という言葉の原風景のひとつである。

修養は、既成の秩序を越え出る発想を持たない。生れついた集団の中で日々の務めに専念する。そして「天地自然と自己との一致」（「無心」の体験）を理想とする。

そして実際、梅岩の思想を引き継いだ後世の「心学」においては、幕藩体制への随順が教えの中心となる。既成の身分こそ「無心の天」の「定め」。そこから離れることは「私心」を持つことであり、「無心の天」に背く。上下の人間関係を軸とした家族・親族・藩の内部の秩序に従い「分を知る」ことが「心を知る」こと、「私心」を去り本来の「心」

を見いだす日々の実践が大切である。そうした社会倫理が語られた。

既成の秩序を超えてしまう

ところが、梅岩その人の人生は、実は、そうした論理を逸脱していた。彼は正統的な学問を修めたわけではなかった。その彼が「講釈」を始めた。学問を修めたわけではない者が講釈をする。むろん学問の秩序を逸脱した振る舞いである。

その時代、学問を修めるとは、師のもとで「経書」を正しく読み書きすることを意味した。口語（話し言葉）によって思想を語ることは、「書」から離れることとして、警戒されていた。ところが梅岩の場合、始めから耳学問であって、講釈を聴き、自らの体験を通して理解する。正統的な学問（経書の注釈学）とはまったく異質であった。

しかも梅岩は、文字から学ぶことの限界を強調した。文字に依拠しなくても学問は成り立つ（「これ文字のする所にあらず、修行のするところ」『都鄙問答』上）。

梅岩の論理はこうである。文字が成り立つ以前に「名（音声言語）」は存在した。「名」が成り立つ以前に「物」があった。さらにそれ以前に「天地の生成」があった。とすれば、文字は、天地の生成から見れば、はるか遅れて作られた容れ物に過ぎない。ならば、天地の生成を、文字によって、汲み尽くしうるはずがない。「天地の生成」は文字の内に納まらない。書物によっては到達できない。

しかし、天地と一体化した心によって、直接、体験することができる。そして、直接に体験したのであれば、その確信は絶対である。誰が批判しようと揺らがない。「天地と一体」であれば、既成の秩序も超えてしまう。正統的な学問の秩序を逸脱したとしても、「天地と一体」であるなら、その真理を伝えるべきである。

＊既成の社会秩序を越えて「天地と一体」となり、直接「物の法」に従う発想は、内なる「良知」に従う陽明学と接近する（本書コラム⑤陽明学）。

梅岩の思想はそうした論理を秘めていた。とすれば、その内に、既成の社会秩序を超える論理が含まれていたとしても不思議ではない。天地と一体であれば、「既成の身分」に縛られない。身分の境はなく、職分の垣根も消える。

果たして梅岩は、「万事、物の法に随ふのみ」と語っていた（『問答集』下）。天地に従うことが善である。「物の法」に従い、「物の法」に従って変化してゆくことが善である。ならば「武士の世」も移り変わって当然、と梅岩自身が語ることはなかったのだが、その思想の内に、そうした発想が生じても何の不思議もなかった。社会の秩序も「物の法」に従って変化する。固定された身分も変化して当然である。そうした社会変革の論理を、可能性として、内に含んでいた。梅岩の思想は、後の「心学」思想とは異なり、「ラディカルな社会変革」の可能性を秘めていたことになる（山本眞功「万事物の法に随ふのみ」今井淳・山本眞功編『石門心学の思想』ぺりかん社、二〇〇六年）。

修養と社会変革

修養は庶民道徳である。庶民道徳は、既成の社会秩序を越え出ない。生れついた共同体（身分）の中で日々の務めに専念する。

梅岩もそう説いた。その教えを受け継いだ心学は、ますますその側面を庶民に説いた。家族・親族・藩の内部の秩序に従い「分を知る」こと。身分に応じて日々の務めを果たすこと。そして「私心」を去り、天地と一体となること。それが心学の修養の核心であった。

ところが、「天地と一体となる」時、既成の秩序は二の次となる。何より大切なのは「天地の心」に従うこと。「物の法」に従うこと。「万事、物の法に随うのみ」。そして「物の法」は「既成の社会秩序（身分）」に優先する。「物の法」に従うならば、身分の上下に縛られない。たとえ武士であろうと「物の法」に従うしかない。

「物の法」に照らして不正であるならば、それは、身分の上下に関係がない。「物の法」に従うべきである。「物の法」に合致しない社会の不正は「物の法」に照らして裁かれるべきである。

それは、私心による不満でも、有心による反発でもない。無心にして「物の法」を生きるがゆえに、「物の法」に背く社会の不正に対して異を唱える。「物の法」に従って抵抗し、「物の法に随って」変革を求める可能性が残される。

梅岩の思想はそうした可能性を秘めていた。梅岩の修養は、徳川封建社会の枠組みを生きる知恵でありながら、しかしその論理を徹底してゆく時、その社会体制を内側から揺るがす可能性を秘めていたことになる。

修養が、既成の秩序を内側から突き崩す論理として展開する可能性を、私たちは、庶民道徳の典型とされる梅岩の思想の中に見る。

＊正確には、既成の社会を「物の理」の現われと見ればそのまま現状肯定となり、「物の理」と「既成の社会」の間にズレを見て、「既成の社会」が「物の理」から逸脱していると見ることができる時、既成の秩序を内側から突き崩す論理となる。

補論　修養は「規律訓練 discipline」か

藤樹も仁斎も梅岩も庶民のための修養を説いた。為政者のための修養ではない。「治められる側」が修養する。治められる庶民の側が各自の持ち場で務めに励む。それが「道」である。「今の俗（与えられている現実）」が直ちに「道」である。そうした語りによって、修養は、結局、人々を既成の社会秩序に組み入れてきたのではないか。

そうした批判にどう応えるか。

「規律訓練」

M・フーコーの「規律訓練 discipline」を思いだす。人々は自発的に服従してゆく。従順に道徳に従う主体になってゆく。修養も結局そうした「規律訓練」にすぎないのか。

「規律訓練」は人々から主体性を奪わない。むしろ主体化を促す。ところがこの「主体化」は二重である。フーコーは「sujet」という言葉の二義性（主体、臣民）を利用し、「主体化」は「服従化」であると言う。個人は主体となるために「subjection 主体化＝従属化」を必要とする。個人はその社会に相応しく調教される必要がある。

修養もその社会に相応しく自ら進んで「調教されてゆく」ということか。自らを高めるという名のもとに、その時代・社会・身分に相応しい身体へと調教されてきたのか。

明治期の修養論がその典型であることについては既に多くの指摘がある（本書コラム③明治期の修養論）。明治期の「修養」は「国民」の新たな道徳意識として要請された。特定の宗教に依拠しない新たな「生き方」。それを共有することによって「国民」としての自覚を高める生き方の支柱。明治期の修養論はそうした時代に必要とされたメッセージであった。

そうした見解に異論はない。明治の修養論は確かにこうした機能を果たした。しかし、ただそれだけだったのか。修養はただそうした機能を果たしてきただけか。そうした機能に回収されない側面も、少なくとも可能性としては、持っていたのではないか。

中江藤樹をめぐって

内村鑑三は（先にも見た）『代表的日本人』の中で、中江藤樹の教えをキリスト教と重ね合わせて紹介した。

それに対して、井上哲次郎（キリスト教批判で知られ「不敬事件」における内村批判は有名）は、藤樹とキリスト教との違いを強調した。藤樹は「忠孝（君臣や父子の関係）」を重視したが、キリスト教は神との関係を重視し、君主や親に対する忠孝を軽視するというのである（井上哲次郎『日本陽明学派之哲学』冨山房、一九〇〇年）。

井上によれば、藤樹の「正しくありたい」という願いは既存の制度の内部で「忠孝」に向かう。藤樹の学問は「世間的」で「現実的」であり、「君臣父子等の関係を蔑如《べつじょ》する（見下す）ものにあらず、否、君臣父子等の関係を正確にせんと欲するものなり」。藤樹は君主や父親への関係を「正確に」整え、結局、従順を説いたというのである。

それに対して、内村によれば、藤樹の「内面」は「超越者」に向かう。地上の権力を超えた理念に向かう。藤樹の語る「良知（生まれながらに備わっているよき心）」は、必ずしも地上の権力に従うとは限らない。「良知」に従えばこそ、地上の権力を拒み、それを越えた理念を求めることもある。

実は井上もそれを見抜いた。そして危険と感じた。そこで違いを強調し、藤樹の修養を既存の制度の枠内に納めて理解した。いわば「規律訓練を通して従順に服従する」安全な論理に納めようとした。

つまり、井上は藤樹を「規律訓練」と理解し、内村は藤樹の内に「規律訓練」に回収されない論理を見たことになる。

「道（ロゴス・真理）」と「法（ノモス）」

内村は、藤樹における「道」と「法」の区別を紹介する。「法（ノモス）」は時により場所により変わる。「道（ロゴス・真理）」は変わらない。藤樹によれば、「法」は時代の必要に適合して変わりながら、常に変わらぬ「道」を現わす。「法」がすべてではない。「法」の背後に「道」がある（本書コラム⑥時と場に応じて）。

そう語る時、内村が、この「道」をキリスト教的な「超越的真理」と重ねていたことは間違いない。藤樹の「道」を、超越的な「真理（道、ロゴス）」と理解し、人間から断絶した外在的な真理と説明したのである。

ちなみに、藤樹自身は「道」をただ「超越的・外在的真理」と理解したわけではない。同時に「内在的な自然」としても理解していた。例えば「良知」は人間に内在する。人間には生まれながらにして「道」に向かう心が備わっている。社会規範（「法」）に従うのではない。内なる「良知」に従う。藤樹は内面の絶対性を確信していた。

その意味において、藤樹の修養（「学問」）は「内なる自然」としての「道」を育てる。私的な欲望を越え、「父母への恩徳」に還り、生命の根源に遡ることによって、宇宙の根源と一体になってゆく。

そうした側面に光を当てる時、藤樹の修養を「規律訓練」に回収することはできない。「法（ノモス）」への服従とは異なる論理である。

ところが、「規律訓練」の理論地平からみれば、まさにそうした論理が、結果としては、人々を既成の社会規範に従わせる。新しい社会を構想するのではない。その時代の「法」が不変的（普遍的）ではないことを承知の上で、しかしその「法」に従う。そして各自の持ち場で務めに励む中で「独（内面・主体）」を確立してゆく。そしてその「独」が宇宙の根源と一体化する中で、社会の不正や不平等はすべて相対化されてしまう。

井上哲次郎はその点を肯定的に評価した。藤樹の学問は「世間的」で「現実的」である。

君主や父親への従順を説いている。「君臣父子等の関係を正確にせんと欲するものなり」。修養と「規律訓練」との関係は一筋縄では解決されない、重層的な議論を必要とすることになる。

「自己への配慮 souci de soi」

「晩年」のフーコーが「規律訓練 discipline」に回収されない論理を求めたことは知られている。古典古代の思想の内に、政治的な支配とは異なる「自己に対する統治」を見出そうとした。さしあたり「自己への配慮 souci de soi」と呼ぶ。

＊「規律訓練」と「自己への配慮」との関連は単純ではないが、概略は以下の通り。「規律訓練」は単なる抑圧ではない。権力は「快楽」を利用する。主体を快楽に誘い込み、それによって管理する。そこで「権力への抵抗」のためには、快楽に溺れた状態から脱出する必要がある。その拠点を「自己」に求める。快楽に溺れた状態から脱出するために自分自身を変える（自己に対して働きかける）。「自己への配慮」は自己変革の実践である。しかし自己に閉じない。その実践は他者を不可欠とする。「自己への配慮 souci de soi」は、「規律訓練」とは異なる、「政治的」に自立した主体の形成である。

「自己への配慮」は実践である。自分を変えようとする。現状から脱出するために主体を変容する。フーコーは、有名な講義の中で、自己への配慮を「自分が考えていることに注意を向ける一定のやり方」と語ったうえで、その原則は多様に語られてきたと、動詞を列挙している。煩《はん》を厭《いと》わず引いておく（すべて「修養」の内実と理解されるためである）。「自分自身に専心する」、「自分の世話をする」、「自分の中に引きこもる」、「自分の中に退却する」、「自己の中に歓びを見出す」、「自分の内以外のところに享楽を求めない」、「自分自身に付き添う」、「自分自身と友誼をむすぶ」、「要塞に立てこもるように自分自身に立てこもる」、「自分をいたわる」、「自分自身を礼拝する」、「自分自身を尊敬する」（フーコー『主体の解釈学』廣瀬浩司・原和之訳、筑摩書房、二〇〇四年、一六頁）。

むろん個々の動詞がその背景をなす思想の中で固有の意味を持つ。したがって安易な対応は控えるべきなのであろうが、それでも「自分自身に専心する」は山崎闇斎の「敬」を思い起させ、「自分の中に引きこもる」や「自分の中に退却する」は中江藤樹の「慎独」を思い起させる。あるいは、「自己の中に歓びを見出す」や「自分をいたわる」は貝原益軒の養生思想を思い起させる。

つまりこれらの動詞はすべて本書の「修養」と重なり合う。身を修め、心を養い、道を行う。その中心に「自己」への関わりがある。「自己への配慮」がある。

フーコーによれば、ギリシア語で「配慮」を意味する「エピメレイア epimeleia」はギリシア・ローマ時代の思想において中心的な役割を果たしていた。「自己の世話をし、自己を変え、自己を浄化し、変形し、変容させる行動」。

ところが「エピメレイア」は、その後の哲学の歴史の中で軽視される。哲学は「汝自身を知れ」を優遇した。「汝自身を知れ」は自己認識である。それに対して、実践である「自己への配慮」は低く扱われた。自己に関わる実践は、自己の認識より低い位置に置かれてきた。

その流れの中で、今日「自己に専心する」という言葉は、肯定的に評価されない。同様に「自己を称揚する」は自己中心的に聞こえ、「自己を礼拝する」は社会を拒否した引きこもりや隠退を連想させてしまう。ところが、古代の思想では、「自己に専心する」ということは常に肯定的な意味を持っていた。決して否定的な意味を持つことはなかったというのである。

「主体が自己を形成してゆく実践」

注目したいのは「自己の実践 practices of the self」という言葉である。英語で語られたインタビューの中で、フーコーは、「自己への配慮《ケア》 care for self」という言葉を使う以前に、ギリシア・ローマ時代以来の「自己の実践《プラクティス》と呼びうる領域」に手掛かりを求めたという。それは「強制された実践」ではなく、「主体が自己を形成してゆく複数の実践 the practices of self-formation of the subject」であり、後に宗教・教育・医療などの中に回収されてゆく領域である（Bernauer, J.+Rasmussen, D., The final Foucault, The MIT Press, 1988, p. 2）。

ところが、歴史のある時点から「自己への配慮」は批判を受けるようになる。それは「他者に対して示すべき配慮」に欠け、「大切な自己犠牲の精神」に反する。「一種の自己愛・エゴイズム・私的利益の追求」と理解されるようになったというのである（同 p. 4）。

＊フーコーによれば、その転換にキリスト教が影響を与えたことは間違いないが、話は単純ではない。キリスト教の「救い」における「自己への配慮」と「自己の放棄」の関係は複雑である。

日本の伝統においては、「修養」はそうした批判を受けてこなかった。「自己への配慮」

はいつの時代も尊重された。認識（「汝自身を知れ」）が優位になることはなく「実践・探究・訓練」は常に尊重されてきた。「身をもって修める」ことは、仏教・儒教・神道すべてが必要と認め、しかもそうした理解は、庶民にもエリート層にも共有されていた。

本書の「修養 cultivation」は、フーコーの用語で言えば「自己の実践（複数形）」である。本書の「修養」の広がりは、フーコーが語る「ギリシア・ローマ時代の自己の実践（複数形）」と重なることになる。

アド「精神の修養」

アドの「exercices spirituels（さしあたり「精神の修養」と訳しておく）」を思い出す。フーコーはアド（Pierre Hadot、古代哲学研究）から大きな刺激を受けている。アドによればギリシア・ローマにおける哲学は単なる理論ではない。「exercices spirituels（精神の修養）」である。古代のあらゆる思想は「修養・実践・エクササイズ（askēsis, meletē）」を語っていた。

アドは、「自らの意志によって自己を変容させようとする個人的な実践」と説明する。それは、自らの意志による、個人的な実践であり、自己自身の変容を目指す（Hadot, P.,

What is Ancient Philosophy? Belknap Press of Harverd Univ. Press, 2002b, 179f)。

重要なのは、アドが霊性を探求してゆく中でこの「修養・エクササイズ」に至ったわけではないという点である。そうではなくて、古代哲学のテクストをいかに解釈するか。そうした方法論的な問いの帰結としてこの「エクササイズ」に辿り着いた。例えば、プラトンの対話篇は謎に満ちている。一貫性に欠け、整合的でない。アリストテレスの著作も自己矛盾に陥っており、書き手として未熟であると評されることもある。そうしたテクストを「正確に」読むためには、彼らが何を求め、何のために記録を残したのか、その生存地平に即して理解するしかない（仁斎の「古義学」、徂徠の「古文辞学」を思い出す）。

そう思ってみれば、ギリシアの哲人たちは体系的な理論を整合的に示そうとしたわけではなかった。弟子たちを指導しようとした。弟子たちが、思想においても人生においても「自らを導くことができる方法」を体得するための工夫であった。

アドは「生き方としての哲学」という。哲学は「生き方 une manière de vivre」である。哲学が実際の暮らしを変える。哲学は「世界のうちにおける存在の仕方であり、そのつど実践されるべきものであり、生のすべてを変革すべきものである」（Hadot, Exercices spirituels et philosophie antique, Paris, Albin Michel, 2002. p. 290）。

こうして、アドの「exercices spirituels（精神の修養）」は理論的な哲学ではなく「実践・エクササイズ」である。しかし宗教的修行ではない。「実践・エクササイズ」ではあるが、宗教的ではない。自己自身の変容を目指す、フーコーで言えば「自己の実践（主体が自己を形成してゆく実践）」である。

では、なぜ「spirituels（精神の・霊的な・スピリチュアルな）」という言葉を加えたのか。アドはこの言葉が特定の意味を持たず、「人格全体を限定することなく指示する」という。フーコーもこの言葉に目を留める。フーコーによれば、この文脈の「スピリチュアリテspiritualité」は「哲学」と対比的に使われる。哲学が「思考の形式」であるのに対して、スピリチュアリテは「実践・探究・訓練」である。

正確には、「主体が真理に到る条件と限界を定める思考の形式」が「哲学」であり、「主体が真理に到達するために必要な変形を自身に加えるような探究・実践・経験」が「スピリチュアリテ」である。それは認識ではない。「真理への道を開くために支払うべき代価」である。主体は「自らを修正し、自らに変形を加え」、「ある程度、自分自身とは別のものにならなければならない」。そして「浄化、修練、放棄、視線の転換、存在の変更」などと言い換える（前掲『主体の解釈学』一九頁）。

そう理解してみれば、本書の「修養」は「スピリチュアリテ」である。というより、話は逆であって、「修養」という言葉に含まれる「実践・探究・訓練」の側面を、フーコーは「スピリチュアリテ」という言葉によって掬い取ろうとした。あるいは、アドは「exercices spirituels（精神の修養）」という言葉で浮き彫りにした。いずれも、その側面を的確に表現する言葉を持たない西洋の思想家たちの工夫である。

「修養」「修行」「稽古」「養生」など日本の言葉はすべて、この側面を重視していた。「実践・探究・訓練」が大切であることは、あらためて語る必要がないほど、自明のことであった。「理論・思考・哲学」に対して「実践・探究・訓練」を低く見るなどという伝統を持たなかった日本の思想から見る時、西洋の思想家たちは、一度そうした伝統を崩すことから話を始めなければならなかった。あるいは、そうした伝統が開始される以前の古典古代に回帰して、そこから議論を始めなければならなかった。

江戸期の修養思想は（おそらく古代と近代に挟まれた「近世」という時代の特殊性のゆえに）、「規律訓練」と「自己への配慮」がせめぎ合う興味深いフィールドである。少なくとも晩年のフーコーならば、明治期修養論より、江戸期の多様な修養思想に注目したに違いない。

＊「自己への配慮」は、自分自身に関わるが、自己の内側に閉じるわけではない。むしろそれは「他者」へと開かれた関係の中で機能する。「自己への配慮」には他者の存在が不可欠である。さらにフーコーは「自己への配慮」が「政治的」に自立した主体の形成になるとも考えていた。「自己への配慮」はそれ自体が「政治的」である。フーコーはそこに「抵抗」の可能性を見ていた。

＊コラム⑦　安藤昌益

江戸中期、陸奥国八戸城下の町医者・安藤昌益（一七〇三・元禄一六年―一七六二・宝暦一二年）の特異な思想は知られている。昌益も「修養」を不要とした。

昌益によれば、天地の自然には汚れがない。しかし人間の欲や邪心によって自然の動きが乱れる。欲が邪気を産み、邪気が呼吸によって自然に伝わり、飢饉や疫病を引き起こす（『自然真営道』大序巻）。そうした「欲」は「聖人」とともに始まった。聖人（支配者・為政者）は働かずして奢《おご》り、身分の上下を創りだして搾取する。それを下民が羨《うらや》む。この羨望や怨念が自然の運行を乱す。「君を立てるは奢りの始め、万悪の本なり、人欲の始め」（『統道真伝』冒頭）。聖人など出現しなければ、欲心も生じなかった。聖人が自然を忘れ、勝手な法を設定したことが、根源的な悪である。とすれば、聖人の作為以前に戻るしかない。「自然の世」に還る。

しかし昌益は、「自然の世」を想定はしたが、そこに至る道は示さなかった。社会改革の方法は示さなかった。個人の自己変革（修養）についても語らなかった。昌益の眼には「修養」はすべて「聖人」の枠組みと映っていた。

こうして昌益は「修養」を語らなかった。しかし「修養 cultivation」という言葉に注目してみれば、昌益は、動詞「cultivate（耕す）」に立ち返ったことになる。昌益は「直耕《ちょっこう》」と言う。男は畑を耕し女は麻を織る。自然の循環に即して正しく耕す（生産労働を行う）。「直耕」する農民が「真人」である。文字など学ばずとも、自然の道を知る。

宗教も必要ない。「寺僧を捨て、直耕の活真・妙道を行うべし」。昌益自身は曹洞宗の禅に参じ、師から印可を得ていたのだが、最後にはすべてを拒否する。そして万人が農耕を営む世を説く。商工民も学者も「芸人」も「犯罪者」も「被差別民」もすべての民が農耕を営む理想の世を説いた。しかも必ず女性に言及する。

「男女」を「ひと」と読ませ、男女平等を説いた。「男女に二別なし」。男と女がいて初めて一人の人間になるから、男女に上下はない。上下・貴賤・貧富の差別は、本来一体であるものを二つに切り離す「二別《にべつ》」から生じる。

主著『自然真営道』は一〇一巻九三冊。その「大序」は、「不幸にして天寿をまっとうできなかった人たちのためにこの書物を書くという（「非命にして死せる者のためにこれを記す」）。自然の根源である「真が営む道」を示し、独特な「気」一元論のもとに、自然な姿への回帰を説く。結果として、健康な身体を説く医学書でもあり、健全な社会を説いた社会批判の書でもあった。

Ⅲ　修養の言い分——周辺・裏方・土台

修養は、修行とどう違うのか。稽古とはどこが違うのか。この本を構想し始めた頃、簡単に考えていた。修行の系譜・稽古の系譜・養生の系譜を調べてゆけば、相互の違いが見えてくるだろう。

とんでもない。見れば見るほど混乱する。そもそも用語に一貫性がない。境界線が崩れてしまう。その場ごとに使われ、議論もないまま、消えてゆく。あるいは、その一門の内では通用するが、一歩外に出ると話が通じない。

言葉の軽視ではない。まったく逆に、この領域は、それぞれの思想家にとって最も敏感な箇所であるために、既成の用語には任せることができないのである。そこで各自が自らの体験に即した独自の用語を創り出す。「稽古」や「修養」といった一般名詞に任せることなどできない。鮮烈な体験に裏付けられた、個別性の高い、切迫した言葉が、その時々に、生み出されてきた。

他方、「稽古」や「修行」のような一般名詞は大雑把である。中でも「修養」は曲者で、いかようにでも使われる。「修養」はあらゆる誤解に対して無防備であって、いわば何でも引き受ける。無節操なのである。

そのためなのか、大抵は、一段低く見られている。だから庶民的とも言えるのだが、多くの場合は、稽古の「端切れ」であり、「軟弱」な修行が「修養」とされてきた。

語源ははっきりしない。諸橋轍次『大漢和辞典』によれば、修養は「もと道家の養生法。転じて、道を修め徳を養うこと」。修養はかつて「養生」であったことになる。

同様に『仏教語大事典』も「修養（しゅよう）」を、「1、養生法のこと、2、善を行うこと」と説く。仏教語としても「修養」は、まずもって「養生法」であったことになる。『古語辞典』には登場しない。「修学」「修行」「修験」などは見えるが、「修養」という言葉は登場しない。

『日葡辞書』（一六〇三年、江戸初期のイエズス会宣教師らが編集した当時の日本語辞典）にも見えない。その代わり、同辞書は「修行 Xuguio」を説明し、「修し行ずる。学問であれ善徳であれ、その他の技芸や職業であれ、何でも人が習う事の修練」という。さらには「見聞したり、修得したりしながら多くの国や土地を歩き回ること」とも言うから、「修行」という言葉は、その当時、見習い・奉公・諸国行脚の武者修行など、多様な意味で使われていたことになる。

ところが、時代が下り、明治期の修養論になると、今度は話が逆になり、「修行」の方が限定的になる。「修養」は庶民の暮らしの中でも可能であるのに対して、「修行」は特別な（非日常的な）営み、とりわけ、宗教や霊性の高みを目指す文脈で使われた。

こうした関連用語の変遷を時代ごとに確定してゆく仕事は、重要ではあるのだが、今は用意がない。その代わり本書では、そうした異なる時代の多様な用語法を横並びにすることによって、話の違いを浮き彫りにする。どこが分岐のメルクマールか。何が論点か。以下、修行と対比し、養生と対比し、稽古と対比する中で、「修養」の言い分に耳を傾けることにする。

第8章　修行——修行は厳しい、では修養は

唐木順三は「修行」と「修養」の違いに言及した。「修行」が仏教に由来するのに対して、「修養」は儒教・武士道に由来するというのである（前掲・唐木順三「現代史への試み」）。

見てゆくように、話はそう単純ではない。明治期の仏教思想家・清沢満之は「修養」を語ったが、それは「修行」に近かった。厳密な学風で知られる江戸期の儒者・山崎闇斎も「己を律する」ことを説いたが、その内容も宗教的な「修行」に近かった。

問題は、仏教と儒教の違いではなく、その「語りの位相」の違いである。では「修行」とはどういうことか。修行と修養とは何が違うのか。

宗教的な修行—庶民的な修養

実は「修行」という言葉も定義がはっきりしない。仏教用語の場合は「悟りを求めて仏の教えを実践すること」となるのだが、しかし先に見た通り、『日葡辞書』は「学問であれ、その他の職業であれ、何でも人が習うこと」という。

さらに、欧米の言語には「修行」に対応する言葉がない。確かに asceticism が近いという説もある。一般的には「禁欲主義・苦行・克己」を意味するこの言葉は、語源を辿るとギリシア語の「askesis 身体的努力・修練・訓練」であるから、まさに「修行」の広がりと重なるのだが、しかしそれでは「禁欲・苦行」のイメージが強すぎる。「修行」は必ずしも「禁欲的な苦行」とは限らない。

他方で、今度は「修養」と比べてみる時、「修行」は厳しい。「修行」という言葉には厳しさが含まれ、しかも何らか宗教的な背景が感じられる。

そこで本書は「修行」を暫定的に「禁欲的苦行を核とした宗教的実践」と定義する。必ずしも「禁欲的苦行」とは限らないのだが、しかし何らか「宗教的」である。それと対比的に言えば、「修養」はその周辺領域である。正確には、本書の語る「修養 cultivation」

は「修行」を内に含んだ多様な広がりを指すことになる。

湯浅泰雄「修行」

日本の修行に関する研究は数多いが、ここでは湯浅泰雄の研究に注目する。湯浅は身体を論じた『身体論』の中で、修行について丁寧な検討を加えた。その「修行」が英語版では cultivation である。英訳者は湯浅の語る「修行」を cultivation という（茫漠とした）言葉に託したのである（Yuasa, Y. The body, translated by S. Nagatomo and T. P. Kasulis, SUNY, 1987）。

湯浅は「修行 cultivation」を、治療との対比において、こう説明する。治療が「病気から健康へ」向かうのに対して、修行は「健康からそれ以上へ」向かう。修行は「平均から平均以上へ」と向かう。そして、「拘束」という言葉を使いながら、平均以上の厳しい拘束を自らに課すという。修行は、「平均的人間が従っている社会規範の拘束より以上の厳しい拘束を、自己の身心に対して課そうとする実践的企て」である（湯浅泰雄『身体論』講談社学術文庫、一九九〇年、二八五頁）。

湯浅によれば、江戸期までは「学問研究」も修行の一種と見做されていた。「稽古」も修行の一種とされた。それらはすべて「人格の完成」につながる営みと理解されたのである。つまり、修行の中心に「人格」を置き、人格を向上させるのでなければいかなる技芸も無意味と見た。技芸が上達しても人格が向上しなければ意味がない。むしろ、すべての「わざ」は、心身の諸能力と全体的に連動し、その中心に「人格」を見ていたから、人格の向上なしに「わざ」が上達することは考えられなかった。

＊「修行」の視点は、欧米の読者には、宗教における身体の重要性を浮き彫りにした。『身体論』の英訳版に解説を書いたカスリスは、「宗教的実践における身体の役割」と語り、日本では宗教的な信仰が「実践 practice」に支えられて成り立つと強調する。信仰は知識やビリーフだけでは成り立たない。「修行の成果」に支えられて成り立つ。ところが「修行」という言葉を持たない英語圏の読者に伝えるためには、「特定の宗教形式を実践することによって身についた心身の成果」と説明しなければならない。「長年にわたる修行を通して身についたこと acquired through years of psychophysical exposure and practice」に支えられて初めて成り立つ（Yuasa, p. 8）。宗教が「実践」であり、信仰の基礎に「実践」があるという点が、英語圏の読者には新鮮だったのである。

「他律的な禁止命令」と「自律的に自らに課す規律」

湯浅は「修養」には言及していない。もし言及していたら、「修行」と「修養」の共通性を認めたうえで、「修行」は「特定の実践形式に従う」と強調したはずである。それに対して、「修養」は、特定の実践形式に従うこともあれば、従わないこともある。少なくとも「修行」ほど厳密ではない。湯浅の定義に倣えば、修行の方が「自らへの拘束」の度合いが厳しい。修養はその度合いが緩い。

この違いをどう理解したらよいか。「仏教における戒（戒律）の変遷」が手掛かりとなる。湯浅は「律」と「戒」を区別し、「律」は禁止命令として与えられるのに対して、「戒」は自律的な生活規範という。

もともとインド仏教における「修行」とは「出家」であった。「世俗」の外に出て、「僧団（サンガ・出家者共同体）の規律（「律」）に従う。それが修行であった。それに対して「世俗内」の規範は「戒」と呼ばれた。出家できない者のための、いわば次善の策であり、当然、前者の方がより「貴重・本物」と理解されていた。

ところが仏教が中国に渡ると「律」と「戒」の区別が消えてしまう。中国社会においては、僧院も世俗法の支配下にあったため、僧院が世俗の規範の内に包まれ、「律」の特別な地位が薄れる。のみならず、人々は、「世俗外」の規範（「律」）に従うより、「世俗内」の規範（「戒」）に従うことに重きを置くようになる。

湯浅は「律」と「戒」をこう規定する。「律」は僧団から課された禁止命令であるのに対して、「戒」は自らの決意によって規範を引き受けようとする。前者が〈他律的な禁止命令に服する修行〉であったとすれば、後者は〈自立的に自らに拘束を課す修行〉である。ということは、中国に渡った仏教では、〈他律的な禁止命令に服する修行〉より、〈自律的に自らに拘束を課す修行〉の方が重視されるようになった。湯浅の言葉に倣えば、「世俗的秩序の中にありつつ世俗的水準の生き方をこえるという、独特な両義性を持った世俗内的実践」が修行の中心になった。

出家して特別な規範（「律」）に従うのではない。出家せず（世俗内にあって）、しかも自律的に自らを律してゆくこと（「戒」）。それが修行と理解されるようになったというのである。

＊日本の仏教教団もその理解を受け継いだ。古代仏教の教団は世俗法である律令（「僧尼法」）によって規定され、教団独自に特別な規律を定めることはなかった。道元の「永平清

規」は例外的な（貴重な）事例である。

さて、こうした理解を「新儒学（朱子学）」も受け継いだ。しかも朱子学に特有の人間理解の上に受け継いだ。朱子学は人間を「よきもの」とみる。「よきもの」であった本来の姿から逸脱する時、困難が生じる。ならば、本来の姿に戻ればよい。向上するのではない。元に戻る（「復初」）。自らに拘束を課して無理やり矯正するのではなくて、天地自然の「理」に従い、本来の姿に戻ればよい。それが朱子学の「修養」であった（本書3章）。

それに対して、人間の本来の姿を「悪」と見る場合、自然に戻るだけでは足りない。人間のうちに「罪」があるなら、無理にでも、矯正する必要がある。自らに拘束を課し、悪や罪から遠ざかる。それが「修行」の基本となる。

そして、「悪」や「罪」が強調されるほど、「修行」も厳しさの度合いを強め、「禁欲的苦行」となる。「禁欲主義 asceticism」が登場するのはこの場面である。

「悪・罪」を前提とする修行──「善さ・良さ」を前提とする修養

本書は「修行」と「修養」の違いを、こうした人間観の違いと重ねる。「修行」は「悪・罪」を前提とし、「修養」は「善さ・良さ」を前提とする。

修行は、悪や罪から離れようとする。その場合、他律的な禁止命令を重視する場合もあれば、理想像に自ら近づいてゆく場合もある。

それに対して、修養は、本来の姿に戻ろうとする。もとの姿に戻ればよい。むろんそのためには努力や根気が必要なのだが、基本的には無理しない。自然に任せる。その方向を突き詰めたところに「養生」がある。養生は無理しない。「いのち」の営みに沿って、「自然」のなりゆきに任せてゆく（本書9章）。

本書はそのように「修行」と「修養」を区別する。しかし用語法が確定するわけではない。以下、二人の思想家を見るだけでも、話は揺れてしまう。時代の異なる二人の思想家、一人は明治期の清沢満之、もう一人は江戸初期の山崎闇斎である。

清沢満之

明治期の仏教哲学者・清沢満之は「修養」をわが身に引き受けた。庶民に説いたのではない。わが身の問題として切実に「修養」を受け取った。「人生の苦難がすべて修養になる」。そう語られた「修養」は限りなく「修行」に近かった。

浄土真宗の僧侶である清沢の原点は「自力の無効」である。自らの努力によっては人生の苦難を越えることができない。如来を信じ、如来にすがるしかない。大いなる存在の「大悲」に任せるしかない。にもかかわらず、私たちは任せることができない。そこで修養が必要になる。「任せるしかない」という原点を確認するために修養する。

清沢の言葉に倣えば、「無邪気なる精神」を喪失した自己が、「止観修養」によって「無邪気」に復帰しようとする。清沢は人生を相撲の土俵に譬えた。人生の困難に向かって力士のように猛然と臨み、挫けるたびに自らを省み、「止観の足らざるが為なり。勉めて修養に従事すべし」と記した。

ところが清沢の「修養」概念に揺れが生じる。問題は、修養が必ず他力信仰へと進展するのか否か。清沢は「自己省察（内省・内観）」を重視した。そして、自己の奥底にある「心霊」を省察すれば「天道」が知られ、天道を知れば、他力信仰へ向かわざるを得ないという。

ところが、別の箇所では「自力修養」と「他力信仰」の断絶を強調する。同じ人生の困難に出会っても、それが修養の糧に留まり、他力信仰に向かわない場合がある。「自力」に頼り続けてしまうというのである。そこで清沢は反転を期待した。修養に努めていれば自己の限界に突き当たり、必然的に、他力の信仰に向かわざるを得なくなる。限界に至って反転する。そのために修養する。

では、修養は反転のための「踏み台」にすぎないのか。目標はあくまで他力信仰であって、修養はそのための前座であるのか。

問題はそこに留まらない。今度は「修行」と「他力信仰」の関連である。他力信仰に向かうことを「修行」と呼ぶのか。それとも「修行」は自力であって、他力信仰においては、もはや修行も必要ないのか。あるいは、他力信仰に至った後の「修行」は、質の異なる「修行」となるのか。

他力信仰と修養

清沢を離れて、論点だけ整理しておけば、「他力信仰」と「修養」の関連を見てゆくと「修行」と「修養」の区別が崩れてしまう。

「修行」は「悪や罪」から離れるために自らに厳しい拘束を課すと理解してきたのだが、「他力信仰」は違う（前半を共有するが後半を拒否する）。「悪や罪」を前提とするが、そこから離れるための自らの工夫を拒否する。そして全面的に「他力」に頼む（仏の慈悲にすがり・神の愛にゆだね・大いなるいのちに照らされる）。自らの力に頼ることを嫌い、自らの力で対応しようとする傲慢を警戒する。

その結果、「修養」のように「善さ・良さ」を前提とするわけではないのだが、いわば、一回りした結果として、「本来の姿に戻る」修養と近くなる。仏に抱かれた・神と共にある・大いなるいのちの一滴である「本来の姿に戻る」ことを願う。

「修養」は「善さ・良さ」から出発し、そのまま（折り返すように）「本来の姿に戻る」ことを願う。それに対して、「他力信仰」は「悪・罪」から出発し、しかし自力信仰から離れ、「ゆだね・すがり・任せる」ことによって、「本来の姿に戻る」という複雑なプロセスを辿っていることになる。
＊親鸞はこの（幾重にも屈折した複雑な）プロセスを「易行」と呼ぶ。難しくない、誰にもできる「易《やさ》しい行」。しかし「修養」から見ると、実に複雑な「易《やさ》しい行」である。修養は初めから人間を「善き・良き・好き」ものと見る。「悪・罪」から出発しない。修養から見れば、その理解の前提さえ変えれば、より「易《やさ》しく」なる。しかし親鸞から見れば、「煩悩具足の凡夫」は変えようのない事実である。私たちは「悪人」である。悪人であるからこそ救われる。「善人なほもて往生をとぐ、いはんや悪人をや」。ちなみに、この論理に倣うと、キリスト教では「善人」は救われない。自らを「悪人」と認め、キリストに助けを

求める者のみが救われる。いずれにせよ、「修養」から見ると、幾重にも屈折した話ということになる。

「他力信仰」を「修行」に含めるか。議論は分かれ、そのつど再定義が必要になるのだが、本書は暫定的に「修行＝自力信仰」と理解する。本書は「他力信仰」を「修行」に含めない。

「己を律する」——山崎闇斎

もう一人、時代の異なる儒者を見る。江戸初期の朱子学者・山崎闇斎である。その厳格な学風は有名で、武士のエトスと合体し、「崎門《きもん》学派」と呼ばれる日本儒学の主流をなした。

では、何が厳格であったのか。闇斎は朱子の教えを絶対とした。朱子が間違うなら朱子とともに間違う（「朱子を学びて謬らば、朱子とともに謬るなり」）。そう断言するほど朱子に帰依した。同時に、自らの解釈が正統であるという確固たる信念を持っていた。他の解釈は許さない。朱子のみが正統であり、その理解を妨げるあらゆる異説を排除した。

＊こうした厳しい師弟関係の中から多くの俊秀が育った。例えば、崎門の三傑として知ら

れる、佐藤直方《なおかた》、浅見絅斎《けいさい》、三宅尚斎《しょうさい》。

闇斎の要点は「己を律する」ことである。片時も気を緩めることなく、自らの心を監視する。身の振る舞いをコントロールする。そうした語りの厳格さには既に同時代から批判があった。山鹿素行は闇斎の教えに心が「逼塞《ひっそく》」すると言い、貝原益軒はその教えの偏狭性を指摘した。さらに後年、荻生徂徠はその講釈の権威主義を批判して、闇斎の門弟は師の咳まで模倣すると揶揄した。

しかし闇斎は怯《ひる》まない。朱子の真意を受け継ぎ、その教えの純粋性を守り抜こうと、絶対的な確信のもとに朱子を信奉した。本書の言葉で言えば、それが闇斎の「修養」であり、そして、限りなく「修行」に近かった。

闇斎は「経書」を精読し、「講義」という独特のスタイルで弟子たちに説いた。朱子の言葉に即して朱子の真意を求める「祖述」。単なる紹介ではない。「朱子が求めたもの」を求め、「朱子が体験したこと」を体験する。朱子が古代中国の聖典を読むことによってその教えを再発見したのと同じ仕方で、朱子を読み、朱子の体験を追体験する仕方で、作業の内側から朱子の真意を理解しようとした（後年、本居宣長が同じ仕方で『源氏物語』の中に入り込み、逆に、荻生徂徠はその試みを批判し、「聖人が求めたところ」ではなく、むしろ端的に「聖人の姿」そのものを求めよと主張した。本書五六頁)。

この追体験の中で、闇斎は弟子たちに「体認」を求めた。朱子の作業を追体験する中で、身をもって納得すること。知的な理解だけではない。我が事として確信する。それを門弟にも求めた。聴衆の心にも同じ「体認」が生じることを迫った。頭でわかるのではなく、身をもって、その教えを生きること。その「講義」は真剣そのもの、切迫した雰囲気に包まれていた。

敬

では、闇斎は何を説いたのか。「敬」である。「敬」の一字に闇斎は修養の核心を見た。「敬とは、一心の主宰にして、万事の本根なり」。

自らの心の主宰となること。自らの心を呼び覚まし、常にコントロールする。それが修養の根幹である。逆に、それが欠けていたら、何をしても修養にならない。

ちなみに今日「敬」という文字は「他人を尊敬する」という意味で使われる(「敬老」・「敬語」)。しかし「敬」には、「おろそかにしない・注意深く行う・うやまい尊ぶ」という意味もある(「敬意を払う」)。それを「自らの心」に向けて集中する。自らの心に敬意を払い、注意深く扱う。

闇斎は「心を主宰する」という。うかうかせず、常にキッとした態度で自らを管理する（「敬と云えるは何の子細も無く、この心をうかうかと放ちやらず、平生、屹と照らしつめるを、敬と云うぞ」。「敬斎箴講義」）。

心をはっきりと呼び覚ましておく。気力が充実し、打てば響くような躍動感がある状態。同時代の儒者・中江藤樹は「独を慎む」と説いた（本書六二頁）。内面的な工夫という点では似ているが、雰囲気が違う。藤樹は人知れず徳を積み、村人から慕われ続けた。藤樹の学問は民を教化する教えではなく、自ら「行」として実践された。本書の言葉で言えば、村人と共に「修養」を重ねた。

それに対して、闇斎は「敬」を唯一の道と説いた。他の理解は許されない。学問を志す者はすべて「敬」に立ち返り、そこから始めなければならない。多様な読み方など認めない。それらはすべて排除される。徹底した正統化の物語である。

そうした厳格さの追求を本書は「修行」と理解する。修行は一つの「正解（正統）」に従う。先に見た「世俗外」の「僧団」の規律（「律」）への服従は、その典型である。

それに対して、「修養」は多様な道を受け入れる。唯一の正統に限定せず、排他的にならない。そして「世俗内」に生きる。日々の暮らしの中で実践することが「修養」の重要な点である。

世俗社会における有用性

もう一点、修行と修養の違いを見る。世俗社会において「役立つ（有用性）」という点である。修養が世俗社会で「役立つ」ことを願うのに対して、修行は「役立つ」という世俗の有用性を超えてしまう。

修養は、日々の暮らしの中で実践される。日々の暮らし（世俗社会）の中で「よりよく」生きることを願う。伊藤仁斎で言えば、「近き（日常）」が大切なのであって、「遠き（非日常）」を求める必要はない（本書七〇頁）。「遠き（非日常）」を絶対とし、その基準で世界を見ることは間違いである。「近き（世俗社会）」の中で「役立つ」ことが大切である。

それに対して、闇斎は、世俗社会の有用性を求めない。それよりも、大切なのは、朱子に従うこと。「朱子が求めたもの」を求め、「朱子が体験したこと」を体験する。それが学問であり、「真理」を保証する。世俗社会の有用性などには目を向けることなく、それを越えた「真理」を求め続けること。

＊闇斎は「理念」に生き、仁斎は「実用」に生きた。闇斎が唯一の正統を排他的に守り抜いたのに対して、仁斎は「思いやり（「恕」）」と柔軟な「改良主義」を説いた。仁斎から見る時、闇斎（＝朱子学）は、世界を「死物」にしてしまう。逆に、闇斎から見る時、仁斎は、軸を失った軟弱なご都合主義である。

新渡戸稲造は（後に見るように）『修養』の中で、「水平」と「垂直」を区別した。「水平」は世俗社会の人間関係（政治・経済）であり、「垂直」は神に向かう（天地に向かい・宇宙に向かい・いのちに向かう）。そして垂直軸は、日常生活の有用性を超え出てしまう可能性（危険性）を持つ。

修養は、水平軸における自己変容を基本とする。自分が変わることによって家族が変わり、家族が変わることによって暮らしが改善されてゆく。それを求める庶民の期待に応える知恵が修養である。商いを通して人格を磨く。そうすることによって、結果として、よき成果につながる。「よき成果」を放棄してまで修養を追求することは勧めない。

それに対して、修行は、垂直軸に向かう。「よき成果」を放棄してまで垂直に従う。親子の縁を切り、世間の期待を裏切ることになっても、修行を優先する。世俗社会の有用性を超えてしまうどころか、自らの健康を損なってまでも、垂直軸を追求する（この点で修行は「養生」の対極に位置する)。

むろんそれは極端な場合である(asceticismが「禁欲主義」と理解されるのはこうした場合である)。一般的には「修養」と「修行」の境目はゆるく、「修養・稽古・修行・養生」は連続した一つのフィールドとして語られてきた。本書はその全体を「修養cultivation」と捉え、その内側を整理しようと試みる。

＊コラム⑧　新宗教

十九世紀以降、従来の既成宗教とは別に、民衆自身によって新たな宗教が創始された。例えば、幕末期から明治期に成立した、黒住教、金光教、天理教、大本教などの宗教運動は、民衆に大きな影響を与えた。

この時代の民衆宗教を、ある研究は personal cultivation という言葉で特徴づけている（Sawada, J. T., 2004, 本書一四八頁）。当時の用例「身を修める」「学問」などを総称した用語である。

新宗教の世界観は「生命主義」である。新宗教は宇宙を一個の生命体と見る。「大いなるいのち」と見る。「道」とは言わない。「生命」と言い「自然」と言う。豊穣と繁殖をもたらす「生命力」を信じ、その「生命・自然・大いなるいのち」に立ち返ることを願う。「根源的生命・大いなるいのち」に還ることが救済になる（対馬路人他「新宗教における生命主義的救済観」『思想』六六五号、一九七九年）。

人間はこの「根源的生命・大いなるいのち」の顕れである。したがって本来の人間に「悪（罪・病）」はない。本来の姿から逸脱する時、悪が生じ、病が生じる。悪は生命の否定である。宇宙が調和を乱し、根源的生命が発現しない事態が悪である。あるいは、根源的生命との絆が断ち切られてしまうことが悪である。

人は皆、本来は、根源的生命によって生かされている。恵みの内に育まれている。したがって、感謝することが当然の努めである。救いとはそうした本来の姿に還ることである。根源的生命との絆を回復し、「神人合一・神人和楽」のうちに、喜びに満ちた生活を送ることである。

人は本来、幸福に生きるように創られている。苦難や困難に遭うのは、正しい生き方から「外れている」と気づくためである。あらゆる苦難には意味がある。そして信仰・信心によって克服される。むしろ苦難は自らの運命を転換させる好機である。人を成長させ、運命を転換させるために必要な機会である（島薗進他『民衆宗教論』東京大学出版会、二〇一九年）。

そこで現世中心的になる。現世における「利益（「おかげ」「功徳」）」が重要になる。いかに現世の苦しみを越えて幸福になるか。その限りにおいて「欲」も否定されない。現世利益が最終目的ではないが、それによって信仰を深め、利他を促す限り、欲望も肯定される。

心は磨けば磨くほど、埃《ほこり》やくもりが目に付き、教えのありがたさが分かればわかるほど、暮らしを変え、生き方を正し、自らに課せられた使命（利他の実践）の大切さを自覚する。

本書の「修養 cultivation」から見る時、新宗教の教えは「信」と「修」と「教」から成り立っていることになる。

第9章　養生――修養はかつて養生であった

「修行」も「養生」も英訳されるとcultivationとなる。しかし日本の思想の中では「修行」と「養生」は違う。別々の方向に向かう。「修行」が「禁欲的苦行」に向かうとすれば、「養生」は「楽」や「喜」に向かう。「修行」が身心に拘束を課したとすれば、「養生」は拘束を解き、自然の理に即して、のびやかに生きようとする。

むろん話は単純ではない。「修行」も自然の理を目指してより純度の高い「伸びやかさ」を目指し、逆に「養生」も適度な拘束を課し規律に従う面がある。そしてそうした場合、どちらも（両者の中間形態・合流部分としての）「修養」に近づく。本書は「修養cultivation」という舞台の上で、「修行」と「養生」の関連を見ようとする。

しかし今は違いを確認することから始める。「養生」は健康を願う。身心が健やかに育ち、楽しみ、喜ぶことを願う。「修行」はそれらを（最優先には）求めない。例えば、私たちは「健康のために修行する」とは言わない。修行は、健康とは異なる何か別の価値を目指している。結果として修行によって健康になることはあったとしても、健康を目的とした実践を、私たちは「修行」とは呼ばない。

では「修養」はどうか。修養が健康を目指すことはあるか。あるいは、「養生」が「楽」や「喜」を大切にするならば、「修養」はどうか。

議論は錯綜するのだが、注目されるのは、やはり貝原益軒である。江戸前期の儒者にして博物学者、興味深い人である。

「気を養う」——貝原益軒

益軒によれば「養生」とは「気を養う」ことである。気の循環を良くする。内なる「気（元気）」を滞留させない。腰を正しく据え、「真気」を丹田に集め、呼吸を静かにする。怒らず、心配せず、口数を少なくし、欲を少なくする。同じ姿勢を続けるのはよくない。

こうした一見すると実践マニュアルに見える『養生訓』を修養論と読み直してみせたのは、教育思想史の辻本雅史である。益軒の「養生」は単なる肉体の健康管理ではない。修養論でもある。そうした指摘の背後には、実は、身体軽視に対する抵抗があった。さらには、「気の思想」を軽視する（徂徠学中心の）近世儒学理解に対する根本的な批判が込められていた（前掲書・辻本雅史『思想と教育のメディア史』一―四章）。

益軒は「気を養う」ことと「道理を学ぶ」ことを一体と見た。『養生訓』の中に面白い箇所がある。「気を養う」ことをめぐって、「俗人」と「仙術の士」と「卑しい儒者」を区別するのである。「俗人」は欲に従うだけで気を養うことがない。「仙術の士（長生不死を理想とした「神仙思想」の実践者、本書一四三頁）」は気を養うが「道理」を好まない。「卑しい儒者」は道理ばかりを論じ、気を養うことがなく、それゆえ「修養の道を知らず天寿を保つことができない」（『養生訓』巻一）。

この最後の「卑しい儒者（「陋儒」）」は、前章で見た山崎闇斎の一門を指す。益軒は（晩年の『自娯集』の中で）、闇斎派が「養生の術」を蔑視し「心を論ずる」ことに比べたら百分の一の価値もないと揶揄していたことを書き留めている。益軒から見る時、闇斎派（崎門派）は「道理」ばかり論じ、気を養うことがなく、それゆえ「修養の道」を知らず、天寿を保つことができない。

闇斎と益軒は、修養という舞台の上に並ぶ時、その違いが際立つ。闇斎の修養は「修行」に近く、益軒の修養は「養生」そのものである。そしてその違いは朱子学理解の違いに由来する。

益軒も基本的には朱子学を継ぐ。朱子学の「理」を（晩年の『疑録』を見ると微妙であるとしても）受け継いでいる。普遍的な「理」の存在を認め、客観的な個々の「理」を解明する（「格物窮理」）。ところが、益軒は、その「理」を求めて、本草学・博物学など実用学に進む。朱子学（闇斎派）が、「理」を求めて朱子のテクストに向かったのに対して、益軒は「理」を求めて天文学や地理学のような自然科学に向かった。

どちらも「格物窮理」の土台に立つ。しかし闇斎は書物に向かい、益軒は事物に向かう。前者の立場から見れば、「理」は『経書』の内に解き明かされているから、わざわざ事物を見る必要はない。『経書』を読めばよい（そして朱子の解釈が最も正しいから、結局は朱子学を学ぶことが「理」を学ぶ最善の策である。本書3章）。

益軒はそう考えない。むしろ直接事物の中に「理」を求める。植物・動物・民俗風習・天文など、具体的な事物の中に、客観的な個々の「理」を見る。しかも実用的関心をもって事物から学ぶ。

養生論はその一分野である。人間の身心の「理」に即した実用的な「取り扱いの術」。

しかし同時にそれは実践すべき道（「礼」）でもある。「道を知りて行なうの工夫」としての学問。そうであれば、それは単なる手引書ではない。養生論は、壮大な「エンチクロペディア」の一環に位置する探究の書であったことになる。

＊養生概念の歴史として見れば、益軒は養生論を「神仙思想」から切り離したことになる（本書コラム⑨道教と養生）。

養生と義理の葛藤

ところで『養生訓』の冒頭は益軒の思想を要約する。身体を損なってはならない。与えられた身体を大切にすることが天地父母に仕える「孝」の土台である。自分の身体に備わるものは、皮膚や毛髪に至るまで、理由もなく傷つけてはいけない。「身体髪膚《はっぷ》」の思想である。

ところが、益軒は近世武士（福岡藩士）であったから、他方では、義理のために命を捨てる覚悟を持っていた。ということは、一方では、父母から受けた「身体髪膚」を傷つけずに天寿を全うする養生を説き、他方では、義理のためにはいつでも命を捨てる覚悟を説き、両者の葛藤を背負っていたことになる。

どうやら益軒は（残されたテクストで見る限り）義理を優先したようである。いのちは尊いが、しかし君父・朋友・師のために、義のゆえに、命を捨てるべき時がある。「富貴」より「生命」が尊く、「生命」より「義理」が尊い（『初学訓』巻之二）。しかしこの箇所をもって益軒の思想と一般化してよいか、課題とする）。

実は、この問題は、多くの近世儒者を悩ませた。例えば、江戸前期の儒者・山鹿素行（一六二二―一六八五）は、武士が病気にかかった場合、養生して早く回復して職に復帰するのがよいか、「耐えに耐えて勤め励み、そのために死んだとしても本望とする」かと問い、いずれにも理があって決めがたく、人により病によるという。

また別の場面では、「討ち死にして名を挙げる」のと「生き延びて高名を挙げる」のとどちらが尊いかと問い、将来のことは未知数であるが、現在のこととして言えば死んで功名を立てることが最善であるとし、重要なのは、「死すべき時に死ぬ、死すべきでない時には死なない」。その「義理の弁別」であるとした。

では、「死すべき時」とはいつのことか。この問題を、日本医学の中興の祖・曲直瀬道三《まなせどうさん》（一五〇七―一五九四）は「死を善くする」という言葉で論じていた。養生し無病を守るのは「死を善くする」ためである。それは、天寿を全うすることでもあれば、義理のために潔く死ぬことでもある。

益軒の用語で言えば、前者が「常時」であり、後者が「変時」である。「常時」に身を養っていなければ、いざという時に戦うことができず、「命をすつる事」ができない。「常時」に気を養い、「変に臨んで勇ある」ことが肝心である。

ここに「善死するための平時の養生」という発想が生まれる。「死ぬべき時」に死ぬために、日頃の養生に努める。身体を皮膚や毛髪に至るまで大切にする養生（「身体髪膚」の思想）は、武士においては、こういう仕方で「死」と結びつき、修養と結びついていた。

＊こうした発想が近代日本の天皇制国家において再び強調された点は注目される（今村嘉雄『十九世紀に於ける日本体育の研究』不昧堂書店、一九六七年、六六一頁）。ちなみに、この千頁を超える大著は、江戸期と明治期を「十九世紀」という区切りの中でひとつながりにする。そして「体育」という造語の思想史的背景に近世武芸から光を当て、武芸や養生が辿った運命を近代体育の中に見届ける。武芸や養生が近代体育の内に「止揚」されたのか、「日本体育」という言葉が適切か。検討の余地はあるとしても貴重な労作であることは間違いない。

話を広げてみれば、修養における「養生（「常時」）」と「義理（「変時」）」の問題である。

前者は、からだの自然を養う（いたわる・ケアする）。からだの「理」を大切にし、からだの声に耳を傾ける。それに対して、後者は、社会の論理を優先する。情を抑え、規範に従う。からだの声より世間の眼を気にする。あるいは、正義や公平の論理を優先させる。

むろん、後者の場合、社会の論理も「天地の理」と理解すれば、養生も義理も共に「天地の理」の現われであるのだが、しかし実際には、近世儒者が悩んだように、両者の対立は深刻であった。

修養に含まれる「養生的側面」と「規律的側面」の関係は、本書の中心課題のひとつである。

＊この対比を今日の「ケアの論理」と「正義の論理」との対比と重ねる試みは、慎重な用語の擦り合わせを要するとしても、重要な課題である。

健康と衛生

さて、江戸後期（化政期）以後、こうした議論は少なくなる。養生論の読者層が武士階層から他の階層にも広がったため、こうした議論は切実ではなくなった。そして階層によって異なる養生が注目された（養生の歴史については、前掲書・今村『十九世紀に於ける日本体育の研究』、および、瀧澤利行『養生論の思想』世織書房、二〇〇三年)。

近世中期までの養生論は「長寿」を願った。長寿のために養生した。ところが、近世後期になると、必ずしも長寿を目的としない養生論が出てくる。例えば、「家庭の和合」「社会的な安寧」が話題になる。「国」に対する恩が説かれることもある。いわば、養生の名のもとに社会倫理が語られたのである。

近世末期の儒者・佐藤一斎は老人を対象とした養生法を説き、その養生法が「世のため国のためを思って」の公の務めであると説いた。国学者・鈴木朖《あきら》は、養生は不足しても過ぎても悪く、中道の重要を説いた。伊予の医者・水野澤齋は、住まい・職業・伴侶などすべての生活環境を含めて「養生」を語った。

いずれも「長寿」や「無病」に限らない。生活環境全体の質的向上を願っていた。あるいは、それは儒学に基礎をおく医学の伝統であった。肉体の健康や疾病を「精神のありかたや生活環境のありかたと関連付けることは、儒医学の不動の伝統であった」(樺山紘一「養生論の文化」林家辰三郎編『化政文化の研究』岩波書店、一九七六年、四六九頁)。

*なお、この時期の養生論は「肥満」を警告する。都市生活のもたらした贅沢病である。体重測定(「試斗量之法」)を語り、脂肪を「濁肉」と呼び、それを取り去れば長寿になる

と説いた。

十九世紀に入り西欧衛生学と出会うと、異民族との違いが緊急の課題となった。「我国人」の養生が（西洋人に負けないために）必要となる。

近代医学の視点から言えば、養生は、修養との関係を断ち切ることによって初めて近代的「健康法」へと脱皮した。高野長英（一八〇四—一八五〇）はオランダ衛生学を「蘭説養生録」と翻訳したが、杉田玄端（一八一八—一八八九）は「健全学」という。「健全学」はドイツ語のGesundheitlehreに由来し、西欧の人体科学に依拠する。修養とは縁がない。養生は、修養との関係を切ることによって、近代医学と地平を同じくする「衛生学」になった（進歩した／枯渇した）。

＊実用的な養生論は、明治期における漢方医学の衰退と運命を共にした。養生論と漢方医学は儒学を基礎として共有していた。

ところで、近世社会において「公衆衛生」は注目されていなかった。むしろ岩倉遣欧使節に随行した長与専斎（初代内務省衛生局長）は、西欧社会の中に（それまでの日本の社会にはなかった）「国民一般の健康保護を担当する特殊な行政組織」を発見して驚いた。「Hygiene《ヒュギエーネ》（英語のハイジーン）」と呼ばれていたその組織を、長与は『荘子』から言葉を借りて、「衛生」と名付けることになる。

そうした（「公衆衛生」の）観念がなかった江戸期には、むしろ「養生」の側が、その守備範囲を広げる仕方で、この領域を配慮した。フーコーでいえば「養生」と「政治・倫理的なもの」が連続していたことになる（後述）。

同様に、教育の分野においても「健康」が（西洋人に負けないために）注目された。それは、近代国家の成立と資本主義の発展を目標にしていた。そのためには「規律化した身体」が必要になる。近代学校は、子どもたちをその生活世界から切り離し、姿勢や歩行を矯正した。機械的な集団行動を可能にする身体へと作り替えたのである（養生的側面は消え、規律的側面が強まった）。その文脈で「兵式体操」が導入された。身体を作り替えることによって、精神を作り替えようとしたのである。

奇妙なことに、ここで「健康」と「修養」が再会する。両者は「国家のために役立つ」ことを目的としたプロジェクトの中で結びついた。前者は近代国家を支えるための「身体」を作り替え、後者はそれを通して「精神」を作り替える。どちらも「養生」の母胎から切り離れ、それぞれ独立した後に、あらためて、新たな目的に向かって結びついたことになる。

そして明治の末期、修養論が一世を風靡した時には、もはや「養生」は消えていた。明治期の修養は「気を養う」ことより「国家のために役に立つ」ことに傾いていた。他方、養生は、西洋医学・衛生学に取って代わられた。修養も衛生学も、天皇制国家体制の中で、国家のために有用な人材を確保するために重要な機能を果たすことになったのである。

養生と倫理

技術思想史を論じた三枝博音は「修養はもともと養生である」と語っていた（三枝博音他編『日本哲学思想全書』「教養修養篇・茶道篇」平凡社、一九五六年、五頁）。

むろん歴史の中では、身体の養生が、修養の中心とはならなかった。むしろ「肉体をいじめても精神の優位でもって」修養が語られた。身体を軽視して精神の向上を図ることが「上から修養を強いた人たちの常套手段」であった。しかし「精神による性格訓練」だけでは修養はできない。それを熟知していた益軒は『養生訓』の中で「自分のからだは自分で労わらねばならない」と説いた。むしろ庶民たちが持っていたそうした知恵を代弁してみせた。「身体の養生を人々に勧めた道徳家たちはほとんどすべて、俗権や俗権に媚びていた偽善者たちに対して多少とも抵抗の意識を持っていた」。養生の視点は、修養が世に媚びることを嫌ったのである。

＊樺山紘一は養生論をめぐって興味深い指摘を残している。一つは、中国伝来の養生の知識が、そのままでは日本に適用できないという点。それは「中華に対する、日本の文化的ナショナリズムの傾向の一環として」理解されることになる。中江藤樹の「時と所に応じて」という発想と重なる（本書コラム⑥時と場に応じて）。二つ目は、養生論が万人に共通する肉体を語る中で、身分の違いを越えてしまう可能性である。「四民差別の合理的理由が失われ、観念的名分論の適用から除外されるような場合」も起こるようになった（前掲・樺山紘一「養生論の文化」四六九頁）。「肉体」という生理学的事実において、身分の違いを超えた共通の地平に立ったことになる。むろんそれがそのまま社会批判になるわけではないのだが、養生論が既存の社会制度を超える視点を内包していたことは確認される。フーコーに倣えば、養生論は「倫理的・政治的」地平に関わっていたのである。

フーコーは「自己への配慮」という。そして「養生法・養生術」と訳されたdiététiqueという。「ダイエット」と出自を同じくする（ギリシア語の「diaita 生活様式」に由来する）この言葉は、身体に関する「自己の実践」のひとつである。

フーコーはギリシア・ローマ時代の「自己の実践」を三領域に分け（「身体への配慮（養

生法）」、「家族や財産への配慮（家政学）」、「愛の配慮（恋愛術）」）、その相互関連を説いた。

例えば、「養生と食餌に配慮するからこそ」、人は農業を実践し、家政に関わる。そして家族の関係の中で愛の問題に関わる。あるいは、ローマ時代の農業における「研修」に触れ（クセノフォン『家政論』）、それは休暇ではなく、むしろ「政治・倫理的な標柱を手にするために生存の中でどうにかして確保しておかなくてはならない契機」と言い、「一種の教養に溢れる閑暇」の実践ともいう。しかも収穫に際しては大いに汗をかき、養生術の実践にも役立つ。つまり「養生 diététique」と「政治・倫理的なもの」が連続しているというのである。

「この社会的、倫理的、政治的なモデルがいまや、訓練という資格で再び取り上げられているのです。これは他の人々と一緒に行う一種の退却ですが、その目的は自己自身であり、自己をよりよく形成し、自己に対しおこなう作業を進めて自己へと到達するということなのです」（前掲書・フーコー『主体の解釈学』一八八頁）。

「養生」も自己に対して（自己の身心に対して）行う作業である。身心が健やかに育ち、楽しみ、喜ぶことを願う。そのために何らかの「拘束」を自らに課すことはある。しかしそれは身体の軽視（精神の優位）ではない。むしろそれによって「気を養う」。気の循環を良くすることによって、よく生きる。益軒によれば、「気を養う」ことと「道理を学ぶ」ことは一体なのである。

フーコーで言えば、「倫理・政治」と連続した養生である。養生を大切にする時、他の人々との関わりを大切にせざるを得ない。修養は、時に「修行（苦行）」に近く身体を苦しめ、時に「忠君愛国」となって自己犠牲を無理強いすることがあったとしても、「養生」とのつながりを持ち続けることによって、バランスを保つ。他方、「養生」の側は、修養から切り離される時、「衛生学」になり「肉体健康術」になり、「倫理・政治」と切れてしまう。「養生」もまた、修養とのつながりを持つことによって、バランスを保つ。

「養生を基盤とした修養」に、本書は「自己への配慮」の原風景を見る。

＊コラム⑨　道教と養生

「養生」という言葉は『荘子』に見られる（「養生《ようせい》主篇」）。瀧澤利行『養生論の思想』（世織書房、二〇〇三年）によれば、荘子の時代の「養生」は、当時の知識人層の生活実践原理を反映し、背景には「道教」と「神仙思想」があった。では「道教」とは何か。そしてその中心をなす「神仙思想（仙人信仰と仙人を目指す実践術）」とはどういうことか。

道教（Daoist religion）は漢民族の伝統的な宗教である。儒教、仏教と並ぶ中国の三大宗教とされる。「道（タオ）」と一体となることを求め、不老長生の「神仙（仙人）」を理想とする。「錬丹（外丹・内丹）」、「服餌（食事法・服薬法）」、「調息（呼吸法）」、「導引（運動法）」、「房中（房事＝性生活における技法）」など多くの「道術（健康や長寿を目的とした身心技法）」が知られ、すべて「気」を養い、根源の「一気（道・神）」と合一することを目指した。

その内部は複雑である。中国古来の巫《ふ》術《じゅつ》文化を基盤として、神仙信仰、黄老思想（老荘思想）、鬼神崇拝が複雑に入り組んでいる。老荘思想から始まったわけではないが、ある時期から（隋王朝前後）、老子を教祖に祭り、老荘思想を取り入れて理論化した。「タオイズム［Tao-ism］」という言葉は、道教と老荘思想との総体を指す場合が多いが、研究者によって用語法が異なる。

「神仙信仰」は道教の主要な教理である。不老不死の仙人を信じ、仙人を目指した各種の養生術を生んだ。瀧澤によれば、養生思想と仙人思想は別々に成立したが、目的の一部を共有し、結果として両者は結びついた（しかし不明な点が多いという）。

例えば、「内丹」はその一つである。「外丹」が鉱物薬の調合による丹薬の製造技法であるのに対して、「内丹」は人の身心の内部で「丹」を錬る。「錬丹（煉丹）」の術は（外丹も内丹も）男女の性の交わりに喩えて語られる。

石田秀実によると、元朝・明朝の時代には、精神的なレベルを頂点とした内丹修行の階梯が構想されていた。身心を純化させ「本来の自己」に還るレベルが最高とされ、唾液や精液を身体の内部で循環させる技法がその下、導印（気の流動法）や内観存思（瞑想）はその下、直接的な房中術は最も下位と理解されていた（石井秀実『からだのなかのタオ―道教の身体技法』平河出版社、一九九七年）。

なお、道教は漢民族の民族宗教ではあるが、伝来した中国思想の一部として、日本にも影響を残している。仙人の住む「蓬萊山」や生命の樹「扶桑樹」は文学に影響を残し

（例えば『源氏物語』）、陰陽五行説を応用した「風水」は人々の開運を助け、「庚申信仰」が庚申塔や庚申堂をもたらした。道教の現世利益的な側面である。

「養生」の思想は、丹波康頼《たんばのやすより》の選述した『醫心方《いしんほう》』（九八四年）で論じられ、後世に至るまでたびたび引用された（前掲書、瀧澤『養生論の思想』に詳しい）。

なお、空海『三教指帰』（七九七年）は、儒教・道教・仏教の架空対話として知られるが、その中で道教の「虚亡隠士」は、「長生の秘訣」「仙術の伝授」を簡潔に語って興味深い。神仙思想と深く結びついた「養生」の原風景である。

第10章　稽古――修養は稽古の土台である

稽古は「道」を極める。修養はどうか。おそらく稽古ほどには極めない。修養は、稽古から見る時、一段低く見えてしまうのである。

修養は「道を極める」か

しかし、そもそも修養は、稽古と同じ方向を目指すのか。本書は修養を「稽古の土台」と理解する。「土台」はレベルの低さを意味しない。むしろ、根底にあって稽古を支える。稽古の種《たね》をまく前に「大地」を耕しておく。「身心」を耕しておく。

cultivation という言葉は、こうした「耕す」イメージを共有する。しかしその言葉は、「稽古」の訳語にも「修養」の訳語にも使われてしまうから、両者の区別には役立たない。

そこで「文化 culture」とのつながりを分岐点とする。「文化」の習得に比重を置くのか、それとも、文化は重要ではないのか。

＊フランス語は英語の cultivation を culture と呼ぶ。「文化」と「稽古」が同じ言葉で語られる。self-cultivation は culture de soi となる。ちなみにフーコーは「自己への配慮 souci de soi」と語る。ギリシア語の「エピメレイア」を culture とは異なる「souci 心配・懸念・憂い」という言葉で表現したことになる。

特別な「文化（わざ・技芸）」の習得を通して身心を耕す道が「稽古」。特別な文化を学ぶことなく日々の暮らしの中で身心を耕す道が「修養」。そういう見立てである。

「自己修養」と「身を修める」

さて、self-cultivation という言葉を使って日本の文化を理解しようと試みた本がある。「稽古 practice」によっていかに「身心」を向上させ「精神的な価値 spiritual values」を習得するか（カナダで哲学を教えていた研究者の体験的考察。Carter, R.E. The Japanese arts and self-cultivation, State University of New York Press, 2008）。

まず、茶道・柔道など多様な「道」に注目する。「道」はスポーツでも趣味でも職業でもない。「ひとつの生き方 a way of life」である。本気で取り組むならば、これらの芸 arts は、それ自身がすでに「悟り」である。そのためには生涯に渡る「自己修養 self-cultivation」が必要になる。

そして「瞑想 meditation」に注目する。「呼吸に集中し瞑想し、感情をコントロールし、悟りに向けて前進する」。そうした「自己変容 self-transformation」を「自己修養 self-cultivation」と呼ぶのである。

＊呼吸への注目は、明治期の修養論においても、岡田虎次郎の「静坐」をはじめ、しばしば見られた。なお、岡田における「丹田（臍下丹田）」重視も興味深い。明治期以降の身体論における「丹田」と道教における「錬丹術」との関連は今後の課題とする（例えば、石田秀実「房中と内丹——身体錬金術の起源を探る」石田秀実編『東アジアの身体技法』勉誠出版、二〇〇〇年）。

もう一冊、「十九世紀日本」に関する本を見る。その時代の民衆宗教を儒教・仏教・神道が入り混じった社会現象として検討した、米国の日本近世思想研究者による労作である（Sawada, J. T., 2004, Practical pursuits: religion, politics, and personal cultivation in nineteenth-century Japan, University of Hawai'i Press）。

考察の鍵をなすのは「personal cultivation」という言葉である。著者によれば、この言葉は、「身を修める」「修身」という当時の日本語に由来する。あるいは「学問」という言葉も（当時の用語法として）そこに加わる。

それらは「道徳的・儀礼的・生理学的・教育的プロセスであり、当時の人々は、それを通して幸せ well-being に至ると信じた」。そしてこう続ける。「この領域は、英語で言えば、religion, morality, divination, health, education と表現されるしかないのだが、当時の日本の用語法としては、ひとつのまとまりをもった努力を指していた」。

当時の日本の庶民は、英語で言えば「宗教・道徳・占い・健康・教育」の混合と理解するしかない領域を、例えば「身を修める」と呼んで求めていた。その総体を personal cultivation と名付けて、「ひとまとまり」に考察しようとしたのである。

従来の研究は、例えば宗教研究で言えば、仏教・儒教・神道を別々の文脈に切り分けて別個に論じていた。しかしそれでは当時の「民衆」を捉えることができない。民衆は異なる宗教を混在しながら生きていた。あるいは、高級な文化も庶民の文化も取り入れながら、自分に必要な「身を修める」知恵を求めた。健康増進の教えが占いと結びつき、特定の儀式と結びついていた。そうした地平を丸ごと捉える必要がある。

そこで、「石門心学（幕末におけるその最終形態）」に注目し、鎌倉・円覚寺の民間に開かれた禅の運動を検討し、「禊教《みそぎきょう》（教派神道の一派）」についても「独自の実践的自己改善の工夫」と紹介する。さらに「淘宮術《とうきゅうじゅつ》（開運のための修養法）」を紹介し、観相学の大家・水野南北《みずのなんぼく》を検討し、単に診断を与えたのではない、クライエントに自己改善のための実践的指針を与え（例えば、振る舞いを改善し食事を改善するなど指示を与え）、自分で自分の「身を修める」ことを勧めたという。

そのように、形態は多様なのだが、根底には共通の方向性がある。それをpersonal cultivationと呼ぶ。あるいは、personal improvementとも言い換えるから「自己改善」、もしくは、自らを高めたいと願う「向上心」である。

十九世紀、江戸末期から明治初期へと移り変わる時期の、庶民の暮らしに根差した期待と工夫。「身を修める」「修身」「学問」などという多様な言葉で語られていた知恵。その多様な姿を総体として捉えるためには、それを「ひとまとめ」に呼び止める言葉が必要になる。cultivationという言葉が提示されて初めて、混乱した状況の根底に潜む「共通の方向性」が浮き彫りにされたことになる。

本書はそれを「修養」と呼ぶ。むろん「身を修める」のであれば、本来は「修身」が相応しいのだろうが、「修身」という負の遺産を背負った言葉を用いることは躊躇われた。

＊「修行」と呼ぶと宗教的側面に偏りすぎ（健康増進は「修行」ではない）、「養生」と呼ぶと宗教的側面が弱すぎる。「稽古」と呼ぶと技芸に限定され、複雑に絡み合った知恵を包むことができない。「修養」が、その緩やかな曖昧さゆえに、最も適していた。

十九世紀の江戸の庶民の期待と工夫を丸ごと捉えるために異国の研究者が用意したcultivationという言葉を、「修養」という言葉で受け取ることによって、「稽古の土台」をなす領域に光を当てたいと考えたのである。

新渡戸稲造――『武士道』と『修養』

ところで、英語圏の研究者がcultivationと総称した領域を、明治期の思想家はどのように理解していたのか。ここで新渡戸稲造を見る。新渡戸は、第一高等学校校長の時期、盛んに「修養」を説いた。修養とは「身を修め、心を養うこと」である。「自己がその意志により、自己の一身を支配する」。「克己」を基本としたが、「修養」の「養」も重視し、養育する優しさを説いた（新渡戸稲造『修養』一九一一、『新渡戸稲造全集・第七巻』所収、教文館、一九七〇年）。

しかし話の要点は「主体的人格」である。アジア人は「個我としての人格」が弱い。「自らに対する確信」が育たず「責任意識」も弱い。そこで修養の目的は「個我としての人格」の形成ということになる。特別な技術を必要とするわけではない。日々の暮らしがそのまま修養である。「平素の修養があればこそ」、いざという時に真価が発揮される。

それは当時の若者たちが求めていた話であったから、農山村の青年や婦人たちに広く受け入れられた。その内容が凡庸であったことは新渡戸自身も承知であった。そして実際、今日の視点から見れば、新渡戸の「修養」思想は、学歴の低い若者たちを現状に固定させる機能を果たした。あるいは、地方の若者や婦人たちを修養で包み込み、国家的責務へと向かわせる機能を果たした（フーコーに倣えば、「主体化」させる仕方で「服従化」させたことになる。本書Ⅱ部補論）。

しかしここで注目したいのは、新渡戸の「修養」理解と、彼の英文著作『Bushido』との関連である。『Bushido』によれば、日本社会において武士は人々の「善き理想」であり、すべての階層に道徳的標準を供給した（Nitobe, I. Bushido: the soul of Japan, 1899,『新渡戸稲造全集・第十二巻』教文館、第一五章）。では武士道は「修養の理念」であったのか。不思議なことに、新渡戸は、修養と武士道の関係について何も語らない。両者の重なりについても違いについても何も語っていないのである。

『Bushido』執筆時（新渡戸三十七歳）、新渡戸は「修養」という言葉に特別な思いをもっていなかった。もちろん英文の中に「shuyo」は登場しない。その代わり「修養」に関する内容は多様な動詞で表現される。「武士の教育及び訓練」を論じた個所（同、chap10）は、「品性を作る built up character」と言い、「克己の訓練 the exercise of self-control」と言い、しばしば「トレーニング」という言葉も使っている。しかし「修養」という言葉を特別に重視した形跡は見られない。

他方、日本語で「修養」を語り始めた時（新渡戸四十八―五十歳）、今度はその内容を英語で発信することはなかった。修養は日本の庶民に向けて語られた。新渡戸としては同じ内容を相手に合わせて語り直したのだろうが、読み手が異なるとそのメッセージは異なる機能を果たす。『Bushido』の目的は日本文化の紹介であり、欧米の人たちに「生きる手がかり」を提供することは直接的には目指されていなかった。それに対して、『修養』は修養の実践を勧め、処世訓として庶民に「生きる手がかり」を提供しようとしていた。

その違いが「エリート文化」と「大衆文化」の違いと重なる。新渡戸の中では、「教養主義（一高生）」と「修養主義（寒村の少女）」が、「努力を通して人格を向上させる」という点で同居していた。しかし「文化」の有無が違う。「文化の享受を通して」という点が重視されるか、「文化の享受と関係なく、自分の仕事に打ち込む」という点が強調されるか。前者が「教養主義」となり、後者が「大衆文化型修養主義」となった（本書一八頁）。

新渡戸の「修養」概念は「エリート文化」も「大衆文化」も包み込んでいた。そういえば聞こえはいいが、悪く言えば、両者の差異を隠蔽することに加担した。文化の有無は関係ない。エリートも大衆も共に「努力を通して人格を向上させる」。そう語ることによって、国民国家に必要な「ひとつ」の規範を提供したことになる。

＊新渡戸は「武士道」に対して「平民道」と語った。あるいは、「武士道」の平民版を「平民道」と呼ぶ（「僕のいわゆる平民道は予て主張した武士道の延長に過ぎない」新渡戸稲造「平民道」）。この「平民道」には「武士道」を脅かす危険性（可能性）はない。新渡戸の「修養（平民道）」には、伊藤仁斎の「日常・卑近」が備えていたような、本流を覆す迫力がない。「修養」は「武士道」の、いわば二番煎じなのである（本書七八頁）。

なお、通説に倣えば、新渡戸の「修養」から「大正教養主義」が派生したことになるのだが、その流れに登場する「修養」は、用語の歴史から見れば、「稽古」の方が相応しかった。「文化（わざ）の継承」を重視する場合は「稽古」と語られてきたのである。

ところがその時代、（唐木順三が嘆いたように）身体は軽視され、「稽古」という言葉は大学アカデミズムに馴染まなかった。「文化」とは書物を通した「知」を意味した（本書一四頁）。特別な技芸を身に付けるのではない。西洋の新しい知識を得ることを通して人格を向上させる。それが「教養」と語られた。いわば「修養」から実践を払い取った「知」。唐木が批判した読書中心の教養主義的「教養」の誕生である。

＊本書の「修養」から見る時、教養主義の「教養」は、豊かな「修養」がやせ細り、修行の側面も養生の側面も稽古の側面も捨て去った、読書中心の、西洋の「文化」に憧れた「知」であったことになる。

武士道、修養、教養——用語の整理

一度、用語を整理する。唐木順三の問題提起（「教養」と「修養」の対比）と新渡戸の用語法（「武士道」と「修養」）を重ねてみると、「修養」をめぐる用語の錯綜が浮き彫りになる。

新渡戸が『Bushido』において強調した「武士道」の精神は、実は「稽古」に近かった。武士に特有の「技芸」の習得を通した人格向上は、「修養」ではなく、「稽古」と呼ばれる方が相応しかった。ところが、新渡戸は（十年の後）、時代の要請に応える仕方で、その思想を「修養」と語った。「修養」が庶民向けであり、凡庸であることは、新渡戸も承知であった。「修養」は「武士道（稽古）」を庶民向けに拡張した（薄めた）話であった。

ところが、今度は、唐木が「教養主義」を批判するために「修養」を持ち出したとき、唐木の中では「稽古」も「修養」も「行」も区別はなかった。読書中心の（頭でっかちな）「教養」に対して、実践を伴った（身をもって行う）営みを理想的に持ち上げ、しかも音の対比を生かして、「教養」に対する「修養」として問題を提起した。

「修養」は、この場面だけ見ても、両義的である。一方には、凡庸な庶民道徳という理解があり、他方には、理想的な伝統という理解がある。

「武士道（稽古）」と対比される時、「修養」は凡庸に見える。修養では「道を極める」ことができない。ところが「教養」と対比される時、「修養」は、今度は伝統の重みを持つ。日々の暮らしの中で、身をもって修養する。そして人生の困難がすべて修養の機会となる。

では「稽古」と「修養」はどういう関係にあるのか。

修養は稽古の土台である

稽古は「道を極める」。弓道・華道など、それぞれの「道」を極める。そしてその道を極めた人物が理想となる。例えば、利休、芭蕉、北斎。あるいは、武道の柳生宗矩、宮本武蔵。「技芸」の中身は異なるのだが、「道を極める」という点では似通っている。既に芭蕉が語っていた。「西行の和歌における、宗祇の連歌における、雪舟の絵における、利休が茶における、その貫道するものは一なり」(『笈の小文』)。

彼らを貫いていたものは何か。魚住孝至によれば、彼らは皆「真理に触れようとした」。個々の「わざ」を通して真理の一端に触れ、生涯をまっとうする。その点が名人たちを貫いていた(魚住孝至『道を極める――日本人の心の歴史』放送大学大学院教材、二〇一六年)。

では、その「真理に触れる」構造の要点は何か。私はそこに「初めに還る」論理を見た。「わざ」を習得して終わりではない。その先がある。しかも初めに「還る」かのように「反転する」。稽古の思想は反転を通して真理に触れようとすると考えたのである(拙著『稽古の思想』春秋社、二〇一九年)。

＊今思えば「稽古」を一つの理論枠組みに納めることには無理があった。結果としてその

理解は「稽古」を禅思想と強く結びつけることになった。「稽古」は、例えば、「お稽古事」という言葉の通り、庶民の言葉であり、幅が広かった。幕末維新の時代、寺子屋における子どもの「手習い」は「けいこ」と呼ばれていた。「学事奨励に関する被仰出書」(明治五年)は「学費」という文字に「けいこいりよう」とルビを振っている。「学費」という新しい言葉を説明するために、子どもの「けいこ」のために「入り用」と解き明かしたのである。町人層の「諸芸稽古」の嗜みを含め、「稽古」の概念史は課題である。

そうした「稽古の思想」と対比的に言えば、「修養の思想」は「道を極める」ことを強調しない。「反転」を強調することもない。

ということは、稽古の側から言えば、修養は甘い。修養では「極める」ことができない。修養は、ある地点までは稽古と同じなのだが、途中から話がぼやけ、徹底しない。稽古で言えば熟達の域に至って初めて体験される繊細で微妙な境地が、修養の思想には見えない。

例えば、「守破離」の思想が語って見せた微妙な反転の「仕掛け」が、修養の思想には登場しない。もちろん大雑把な入門のためにはそれでよいのだろうが、個々のジャンルに即した繊細な「からだ」の知恵となると、もはや「修養」には納まらない。とすれば、稽古の側から見る時、修養は、いわば「稽古のための入門」、あるいは「二流の稽古」と見えてしまうのである。

それに対して、修養はこう考える。実は、修養の土台があって初めて稽古が成り立つ。身心の最も土台において「身を修め、心を養う」ことがなかったら、稽古が揺らいでしまう。仮にある地点までは上達できたとしても、本当に「極める」ためには、土台が試される。その土台を作ることが修養である。「道を極めた」名人たちは、実は、皆、修養を続けた人であったことになる。

もしくは、稽古の中身を「わざの習得」と「内面の成熟（わざの習得を通した人格的成長）」と区別してみるならば、修養は「内面の成熟」を目指している。ということは、稽古のプロセスは、それが修養であり続ける時に初めて、稽古として完成する。あるいは、それが修養を忘れ「わざの習得」に専念する時、稽古として完成しないことになる。

修養は、稽古の入門でもなければ、二流の稽古でもない。稽古の根底をなす土台である。それが、稽古と対比してみた時の、修養からの言い分ということになる。

Ⅳ　修養の構造

第11章　修養とはどういうことか――暫定的な整理の試み

修養とはどういうことか。「身を修め、心を養う」（新渡戸稲造）。「身を立て、道を行う」（中江藤樹）。「人倫日用」に関する「平生の教え」（伊藤仁斎・東涯）。様々に語られてきた「修養 cultivation」を一言で定義することはできないのだが、周辺の用語と対比させ、相互の差異を確認することはできる。「修養 cultivation」の内側を暫定的に整理する試みである。

修養とは

一、修養は世俗社会の中にある。

修養は世俗社会から離れない。家庭を持ち仕事を続けながら修養する。

この点は、「修行」と対比する時、はっきりする。修行の原風景は「出家」である。修行は世俗と対立し、世を捨て世の流れに抗っても信念を貫く強さを持つ（同時にその信念の強さゆえに非寛容になる危険も持つ）。あるいは、世俗の論理を超え出る可能性（危険性）を持つ。

それに対して、修養は「在家」である。世俗に留まる。修養は世俗社会の枠組み（価値観・社会組織）の内側で行われ、したがって大勢順応的な傾向を持つ。あるいは、世俗社会の有用性と親和的である。そのため、時に、現世利益の手段となり、出世と結びつく場合もある。

修行の場合には、それは（理念としては）ありえない。修行は世俗の利益から距離を取る潔癖さを持つ。

二、修養は社会に関わる。

稽古の場合、稽古によって「社会をよくしたい」とは考えない。稽古が「よい家庭を育てる」とも考えない。稽古は「わざ」を磨き、我が身と向き合う。稽古が社会に関わる必要はない。

それに対して、修養は社会と結びつく。修養によって「社会をよくする」。むしろ「社会をよくしたい」なら、まず、修養せよ。自らを修めた者でなければ、民を治めることはできない。それが伝統的な儒学における「修養」の原風景であった。

修養はかつて「統治者になるための心得」であった。民を治めるためには修養が要る。修養を積み、己を修めた者が、民を治める（「修己治人」）。「修養」という言葉には、その姿が深く刻み込まれている。少なくとも、社会の中で実践される営みであり、日々の暮らしと結びつく可能性において、周辺の用語（稽古・修行・養生）に長じている。「養生」も、自分自身への関わりに留まることなく、他者との関わりに視野が広がる時、内容としては「修養」に近づくことになる。

三、修養は「技芸」を磨くとは限らない。

稽古は「わざ」に関わる。「わざ」を磨くことがなければ、稽古とは言わない。それに対して、修養は「わざ」に限定されない。高度な文化を習得する修養もあれば、日々の暮らしの中で磨かれる修養もある。

それは「結果（効果・成果・評価）」の視点とも関連する。当面する「結果」を追求するのか、それを越えた視点を持つのか。修養は「結果」を急がない。あるいは、当面する「結果」を追求する場合は「修養」とは言わない。

この点において「練習」とは大きく異なる。練習は結果を求める。特定の成果を出すために練習する。「稽古」は、いわば、練習と修養の中間に位置する（試合に勝つことを目標とするとき「練習」に近く、勝敗を越えて稽古それ自体を大切にするとき「修養」に近い）。

別の視点から言い換えれば、修養には「習熟度を測る」という発想が弱い。「修行」や「稽古」は、階梯《かいてい》（段位・級位・等級・認定の制度）が明確である。優れた者・劣った者、先に進んだ者・遅れている者の区別がはっきりする。それに対して、修養には階梯がない。そのため、習熟を測定するという発想が弱く、互いに競うという発想にも馴染まない。そこで制度化されにくい。「修養」という言葉は、「自らを高めようとする」というゆるやかな方向性を示すことを本務とする。

四、修養には「文化を享受する」側面と、「日々の仕事に打ち込む」側面がある。

明治期の修養論で見た通り、修養はエリート層に向けても、庶民層に向けても語られる。「努力して人格を向上させる」点は共通する。しかし「文化」の有無が異なる。「文化の享受」を介してなされる場合（エリート層の修養＝大正教養主義）と、文化を介することなく「日々の仕事に打ち込む」場合（庶民層の修養＝大衆文化型修養主義）に分かれる。

この区別に倣えば、「稽古」や「修行」は高度な文化の継承であり、エリート層に属する。それらは庶民の暮らしから離れた特別な営みである。それに対して、「修養」は庶民の営みである。暮らしの中で修養を積む。そこで庶民道徳となる。権力からの禁止命令ではなく、庶民自らが自らを高めようとする。身を修め・心を養い・道を行う仕方で、自らを高めようとする（何度も見る通り、個人が自ら進んで「調教されてゆく」と見れば「規律訓練」である。本書Ⅱ部補論）。

そこで摘まみ食い的な折衷となる。明確な規範があるわけではなく「役立つ」なら何でも受け入れる。江戸期の「心学」、明治期の「修養論」などその典型である。そこで大衆受けする。しかし深みに欠ける。気品の高い「稽古」や「修行」からは、修養は軽蔑的《ペジョラティヴ》に見られてきた。

本書の「修養 cultivation」は、そうした修養と共に、稽古や修行も包み込み、それらすべてを守備範囲とする（後述する「広義の修養」である）。そしてそこには「文化を享受する」側面と「日々の仕事に打ち込む」側面が含まれる（正確には、「広義の修養」に含まれる両面性が、「狭義の修養」にも同型的に見られるということである)。

五、修養は、身心健康法という側面を持つ。

修養は「養生」と結びついていた。修養は「気を養い」、身心共に健やかに生きようとする。修養が健康を目的とすることは、何ら不自然ではなかった。

この点も修行とは異なる。修行は健康を目的としない。「健康のために修行する」とは言わない。結果として健康になることはあったとしても、「身心の健康」を目指す場合は、修行とは言わない。

用語の由来としては(明確な区別は難しいが)「修行」と「養生」は別系譜である。それに対して、修養は、その中間にあって、どちらとも重なり、しかしどちらにも徹底しない。それを中途半端と見るか、包括的なバランスと見るか、文脈により判断が分かれる。

なお、この点において「道教」は興味深い。「道(タオ)」と一体となる。そのために丹を錬り、不老不死の仙人となることを目指す。この「丹を錬る」プロセスは「鍛錬」とも「修行」とも語られてきたから、「道教」は特異な仕方で「養生」と「修行」を共存させてきたことになる(本書コラム⑨道教と養生)。

六、修養は、性善説に立つ場合が多い。

修養は人間を「よきもの」とみる。与えられた「本来の姿」はよい（良い・善い・好い）。初めから天地自然の理に適っている。その元々の姿を回復すればよい（仏教思想で言えば「本覚思想」に対応する）。それに対して、人間の「悪」や「罪」を強調する場合は、無理にでも矯正する必要がある。その傾向が「修行」として展開する（本書一一三頁）。

なお、この場合も、正確には「修養cultivation」の中に二つの人間観が混在していると理解すべきことになる。つまり「修養（広義の修養）」に、「修養（狭義の修養）的側面」と「修行的側面」が内在している。人間をそもそも「よきもの」と見る側面と、そもそも「悪しきもの」と見る側面。修養の背景をなす人間観の違いによって「修養cultivation」は色合いを変えるということである。

七、修養から実践が失われる時、「教養（教養主義的教養）」となる。

最後に「教養」との関連も見ておく。「教養」も「稽古」も文化の習得を重視した。ところが、「稽古」が身体と結びついた「わざ」を習得したのに対して、「教養」は実践より書物を重視した。

実は、書物の重視は、朱子学の伝統である。朱子学は「窮理」のために「経書」を読む。「経書」の中に既にすべての「理」が示されているのであれば、天地万物の「理」を追求する（窮める）ためには「経書」の読解が最も相応しい（それに対する疑念から貝原益軒のような博物学的関心が生じ、陽明学のような実践重視が生じた）。

大正期以降の「教養」は朱子学の伝統とは関連しない。しかし知的エリートに属する点は共通する。高度な文化を持った異国の書物を読む点も共通する。そして庶民と断絶していた点も共通する。「教養」が憧れとしたフランスの知的エリートは庶民道徳を蔑んだ。フランスの「教養人（紳士・オネットム honnête homme）」は努力や稽古を軽蔑した。「教養」の原風景は「修養（庶民道徳）」の蔑視であったことになる。

なお、現代日本における「教養」の社会的有用性は微妙である。社会で役立つ知識を教養と呼ぶ場合と、当面は役立たなくても人生を豊かにする知識を教養と呼ぶ場合がある。「修行」は社会的有用性に応えない。そして実践を重視する。それに対して、「教養」は実践ではなく書物を重視する。「修行」も「教養」も共に庶民から見る時、エリートの道でありながら、その方法は大きく異なっている。

本書の「修養 cultivation」はこうした二つの側面も視野に納める。修養の「修行的側面」と「教養的側面」である。

「狭義の修養」と「広義の修養」

以上のように整理した上で「狭義の修養」と「広義の修養 cultivation」の関連を確認する。

「狭義の修養」は、「修行」「稽古」「養生」「練習」「教養」など、関連する周囲の用語から区別される。「修養（狭義の修養）」と「修行」の違いが重要であり、「修養（狭義の修養）」と「稽古」の違いが論点となる。

そしてその場合、「狭義の修養」の要点は「日々の暮らしの中で可能」という点である。出家した「修行」ほど徹底しないが、在家のまま「修養」することができる。仕事を休んで「養生」するほどではないが、「修養」に努めていると身心も健康になる。したがって、それぞれを徹底してゆく立場から見ると、「修養」は中途半端に見える。「いい加減」のところで現実適応的に妥協してしまう。

それに対して、「広義の修養 cultivation」は、それらすべてを包み込む。そして「修養（広義の修養）」の「修行的側面」「稽古的側面」「養生的側面」を見ようとする。例えば、中途半端に見える修養の「修行的側面」を徹底したところに「修行」を見る。と同時に、その本格的な「修行」も「広義の修養」のひとつと理解することになる。

なお、稽古を見た際に、修養を「稽古を可能にする土台」と解した論理を一般化してみれば、修行についても「修行を可能にする土台」と理解することができる。

また、養生を見た際に、「かつて修養は養生であった」と解した論理を一般化すれば、修養は、修行と同義的に使われ、稽古と区別されずに使われてきた歴史を持っていた。「かつて」区別されずに使われていたという語りは、その「かつて」が実は特定できない理念にすぎないことを承知の上で、しかし一つの真実を言い当てている。

「広義の修養 cultivation」は、それらすべてを包み込む仕方で、議論のプラットフォームを設定しようと努めてきたことになる。

＊コラム⑩ 西田幾多郎『善の研究』

哲学者・西田幾多郎は「修養」を語らなかった。明治期修養論が世を賑わしていた時期にも何も言及しなかった。ところがその著作の中には「修養」と語られても不思議ではない箇所が見られる。あるいは、結果的に、修養の内実を、別の言葉で解き明かした箇所がある。

例えば、『善の研究』第三編。倫理学説を整理する中で「意志」の問題に触れている。注目されるのは「活動説」である（この第三編は、第四高等学校で教えていた時期の講義草案を基にし、一九〇七年・明治四〇年に、一度「倫理学」として印刷されている。その前後、西田は、一九〇四年に加藤咄堂の話を、一九〇七年には新渡戸稲造の演説を聴いている）。

西田によると、「規範（善悪）の根拠」について、「他律的倫理学」は基準を外に求め、「合理説」は理性に求めたのに対して、「活動説 energetism」は自分自身の内側に善悪の根拠を求める。「快楽」ではない。「意志」による。

意志は「おのれ自らのための活動」であり、その根底には「先天的要求」がある。その要求が、意識には目的として現れ、理想として働く。理想が実現すると私たちは満足し、実現しないと不満足になる。こうした理想の実現が善であり、これに反する行為が悪である。「活動説」に従えば、「善とは我々の内面的要求即ち理想の実現、換言すれば意志の発展完成である」(『善の研究』「第三編第九章」)。

「道徳家」はこの側面を見逃し、義務や法則ばかりを強調する。もしくは「自己の欲求を抑圧し活動を束縛する」ことを善という。しかし善はそれだけではない。理想を実現させることも善である。そしてその欲求が実現する時、人は幸福である。したがって、アリストテレスが語った通り、善と幸福は一致する。単なる快楽ではない。理想の実現が重要なのであれば、苦痛の中にあっても人は幸福でありうる。

では、あらためて、そうした理想や欲求はどこから生じるか。「活動説」によれば、自己の内側からくる。この内側からくる理想を実現することが善である。すなわち「自己の発展完成 self-realization」が善である。西田は「アリストテレスのいわゆるエンテレキー」と言う。あるいは、「竹は竹、松は松と各自その天賦を十分に発揮するように、人間が人間の天性自然を発揮するのが人間の善である」と説明する。

この「自己の発展完成」は、英国のトマス・ヒル・グリーン(一八三六―一八八二)の倫理学説を念頭においている。西田は「グリーン氏倫理哲学の大意」(一八九五年)

の中で、グリーン『倫理学序説 Prolegomena to Ethics』の要約紹介を試みている。例えば、功利主義との違いを論じて、「人はその身を殺して仁をなさんとの願望」をもつように、苦痛であっても「自己満足」を得る。善行の結果は常に快楽であるが、善行は必ずしも快楽を目的とするわけではないという。

そこでこの説に従えば「善」は「美」と近い。美は、物が「理想のごとくに実現する」場合に成り立つ。花が花の本性を実現した時、最も美しい。同様に、人間が人間の本性を実現した時に、最も美しく、そして最も善である。「その行為が真にその人の天性より出でたる自然の行為であった時」、それが善である。

そして西田は「人格的善」に話を進める。身体の善はその一部分の健康ではなくて、「全身の健全なる関係」であり、その全体を統一する力が「人格」である。したがって「善」は「人格、すなわち統一力の維持発展にある」。

以上、「修養」という言葉は登場しないのだが、この「活動説」は、本書の「修養cultivation」を解き明かしている。「修養」は理想に近づこうとする。義務や禁止が中心ではない。その人の「自然の本性」を実現しようとする。そして「自然の本性」が発揮される時、人は幸福である。幸福は快楽とは異なる。「その行為が真にその人の天性より出でたる自然の行為であった時」、たとえ苦痛であっても、幸福である。そして善である。「善とは一言にていえば人格の完成である」（『善の研究』第三編第十三章）。明治期の修養論と同じ時期、「修養」という言葉を使うことのなかった西田は、倫理学の中にこうした説を見ていた。

こうも語っている。「終わりに臨んで一言しておく。（中略）真の善とはただ一つあるのみである、すなわち真の自己を知るというに尽きている。我々の真の自己は宇宙の本体である、真の自己を知ればただに人類一般の善と合するばかりでなく、宇宙の本体と融合し神意と冥合するのである」（同）。

人格の完成を目指した「己事究明《こじ》」。もしかすると、明治の思想家たちにとって、それは特定の倫理学説ではなく、共有された前提であった。あるいは、それは「思想」ですらなく、共有された身体感覚であった。ある者は、それを西洋の概念で解き明かし、ある者はそれを「修養」として一般向けに説いたことになる。

なお、『善の研究』に詳細な解説を付けた小坂国継によれば、西田のグリーン研究は「当時の世評に惑わされた面が強く、また彼の功名心とも無関係ではなかった」（『善の研究』講談社学術文庫、四八四頁）。若き西田は世間を賑わす「修養」をグリーンの思想によって基礎づけようと試み、しかしその通俗性を見抜き、それ以上深入りすることはなかったということのようである。

第12章　途絶えてしまったのか——現代日本の中で

修養の伝統は途絶えてしまったのか。確かに今日「修養」という言葉は聴かれないのだが、しかしその「思い」は何らか形を変えて受け継がれているのではないか。

例えば、一九八〇年代頃から「精神世界」「セラピー文化」が花咲いた。時に「ニューエイジ」と呼ばれ、「スピリチュアリティ」とも近しい領域。島薗進が「新霊性運動」もしくは「新霊性文化」と名付けた広がりである（島薗進『スピリチュアリティの興隆——新霊性文化とその周辺』岩波書店、二〇〇七年）。

その基本旋律は「オルタナティブ」である。主流文化とは異なる別の道を模索する。経済効率優先の価値観に対して「自然回帰的な暮らし」を求め、霊性を希求する。あるいは、近代科学の合理性に対して「合理性を越えた位相」に目を向ける。しかし既成の宗教教団に頼るのではない。個人が直接に「聖なるもの」と関わる。そして「救い」ではなく「癒し」を求める。あるいは、急速に進んだ医療体制に対して「自分の身体は自分でケアする」。自らの「生存」の手応えを求めた実存的な実践と結びついていた。

注目したいのは、そうした傾向が持つ「政治・制度・組織」への関心の弱さである。「精神世界・セラピー文化」は、制度や組織の変革より、自己に向かう（内面・身体・魂に向かう）。我が身を修め、我が心を養う。「自分自身のケア」を求めたのである。

制度や組織

先に新渡戸の「水平軸」と「垂直軸」を見た（本書一二三頁）。水平軸が世俗社会の人間関係（政治・経済）であるのに対して、垂直軸は神に向かう（天地に向かい・宇宙に向かう）。そして、修行は垂直軸に向かい、修養は水平軸を大切にする。

ところが、水平軸を大切にするのだが、修養は「制度や組織」には関わらない。制度や組織を変革する視点が弱い。もしくは、制度や組織を用いて人々を統治するという発想を持たない。その意味において荻生徂徠の「修養批判」は修養の本質をついていた（修養を積んでもよき統治はできない。修養は統治のためには役立たない）。

修養は個人の問題である。自ら修養する。他者も同様に修養することを願いはするものの、無理やり修養させようとは考えない。まして組織や制度を用いて修養を強要することはめったにない。あくまで、自ら「身を修め・心を養う」。自己への関わり方が話の焦点なのである。

「精神世界・セラピー文化」も同様に自己へと向かう。制度や組織への関心は弱い。むろん丁寧に見れば、制度や組織の変革を求める動きも数多く含まれているのだが、その場合も政治活動ではなくて、やはり「自らへの関わり」を中心に置く。いわば、「身を修め・心を養う」ことの延長上に組織や制度の変革を求めるという構図である。少なくとも組織や制度の変革に熱中し「身を修め・心を養う」ことを疎かにしてはならない。「自分自身のケア」を中心に置くのである。

「種の論理」

この問題が「精神世界・セラピー文化」に限られた話ではないことは、近代日本を代表する哲学者たち、例えば、西田幾多郎と田邊元の議論でも知られる。

田邊は「個・種・類」という三項関係を提案した。「個」は個人、「種」は組織や制度

（国家・法律・社会制度）、「類」は人類一般・天地万物。田邊から見る時、西田哲学には「種」の論理が欠けていた。西田哲学においては「個」が直接「類」に向かう。垂直的に「個人」が「類（天地万物・神・永遠）」と直結しようとする。それに対して、田邊は「種」を見る。垂直的に「類」に向かうのではない。水平的な人間関係の地平における、しかし個人と個人の関係ではない、「種（国家・制度）」の論理に注目した。

その議論に倣って言えば、修養は西田哲学と親和的である。「個」と「類」が直結する。中間項の「種」を素通りして、「個人」と「天地万物」の関係を問題にする。中間項の「組織や制度」への関心が弱い。社会制度の変革には関心が向かず、天地万物の「理」に従って「身を修め・心を養う」。

なお、この点に関連して、話が微妙なのは「環境エコロジー」である。「精神世界・セラピー文化」は「環境エコロジー」に深い関心を持つ。

その際、「環境」は「種」としても「類」としても語られる。一方で、地球は「類」である。「もはや地球は人類の身勝手を支えることができない」と語られる場合の「地球」は、人類を根底で支える「類」である。他方で、地球は「種」である。人間が制度を変えなければその破滅が早まる。その意味では制度や組織の問題である。

その点において「精神世界・セラピー文化」は修養の思想と位相を異にする。修養には見られなかった新しい位相に開かれている。しかしその根底においては、修養と同じ願いを共有している。

モラル育成

教育の問題に目を転じてみる。修養と聞いて思い浮かぶのは「道徳教育」である。しかし「道徳教育」と言っても「学校教育における教科」と「それ以外」では話が異なる。そこで「道徳教育」という言葉を「前者（学校教育における一つの教科）」に限定し、その以外の営みを「モラル育成」と呼ぶことにする。

教科「道徳教育」の思想的基盤を修養の思想に求めることは困難である。近代学校は知識の伝達（一斉授業）を基本とする。それに対して、修養は、基本的には、個人が一人で行う。その思想が学校教育の教科として働くことは考えにくい。修養は一斉授業には馴染まない。

ところが「モラルの育成」とは歴史的にも深いつながりがある。修養を基盤とする場合、「モラルの育成」は次のように理解される。

まず「モラル」は禁止命令とは限らない。他者から命じられるだけではない。自分で自分を高める。他律的な強制（矯正）ではない、自ら「身を修め・心を養う」。修養は、後者の意味において、モラル育成の基盤となる。

第二に、重要なのは、育てる側も修養を必要とするという点である。修養を「教える」場合、教える者が自ら修養を続けていることが不可欠になる。自らの修養を怠りながら、一方的に修養を教えることはあり得ない（この点は「修行」「稽古」も同様である）。子どものモラルと大人のモラルが同時に問われることになる。

＊「教育基本法」は教員の「修養」を説く。「法律に定める学校の教員は、自己の崇高な使命を深く自覚し、絶えず研究と修養に励み、その職責の遂行に努めなければならない」（第九条）。この「研究と修養」が短縮されて「研修」となる。

第三に、修養を基盤に「モラル育成」を考えると、日本の精神的伝統と向き合うことになる。「日本回帰」ではない。むしろそうした「勇み足」を警戒するために、修養の思想を冷静に吟味する。例えば、「戦前」の思想だけを伝統と持ち上げる議論に対して、江戸期の豊かな思想を耕しておく。しかも一筋縄ではない。雑多である（柔軟である）。そうした豊かな「伝統」を用意しておくことによって、組織や制度の力を使ってやってくる

「伝統」の押し付けに、柔軟に対応する（末木文美士の提案する「大伝統」「中伝統」「小伝統」の区別については、本書コラム⑪修養の「伝統」）。

そうした意味を含めて、修養の思想を次世代の「モラルの育成」の思想的基盤としたいと考えているのである。

体育

もう一点、体育という教科に目を向ける。「体育」は江戸期の寺子屋にはなかった。では近代学校はなぜこの科目を採用したか。国家建設に必要な人材を確保するためである。修養のためでも養生のためでもない。明治国家に役立つ人材（規律化した身体）を育成するために「体育」という教科を必要とした。「兵式体操」を取り入れ、「教練」と名を変え、いずれその指導を「陸軍の歩兵下士官」が担当するようになる（男子中等学校以上に現役将校が配属された）。「体育」は軍隊教育と関連しながら展開されてきたのである。

戦後になると、今度は進歩の思想に支えられ、実際の現場では、「より早く」「より高く」「より強い」身体技能を目指す時間となった。

そうした流れに対して、「体育」を「体（からだ）・育（そだて）」と読み直す試みがあった。あるいは、「からだを耕す」という仕方で自らの身体と関わり直す試みがあった（特定の思想というより、「からだ」を大切にする教師たちは、常にそう感じてきた）。

例えば、緊張した身体に気づき、少しずつ柔らかさを取り戻す、ある種の柔軟体操（「からだほぐし」「こんにゃく体操」）。あるいは、弛めるだけではなく、からだの自然な動きに合わせた、ある種の「型」の習得（気功・ヨーガ・太極拳など）。

その多くは、子どもたちが、自分で自分の身体を大切にすることを願った。「自らの身体のケア」である。そして「身体のケア」はごく自然に「身を修め・心を養う」こととつながった。貝原益軒の「養生」が「修養」でもあったように、「身体のケア」は自然に「修養」となる。むろん「修養」と語られることはないのだが、その発想は、間違いなく「修養 cultivation」と重なっていた。

なお、そうした発想の延長線上に「自己実現・自己啓発」のセミナーを見ることは、（少なくともその出発点においては）間違いではない。「自己実現・自己啓発」も「身を修め・心を養う」。しかしその多くは（高額な受講料と引き換えに）自らの「商品価値」を高めることを目指した。経済効率優先の価値序列の中で、「キャリアアップのため」、「より魅力的に自己をアピールするために」、自分を高めようとした。

修養はそれを否定しない。「身を修め・心を養う」ことによって人間関係が改善し仕事が進む。それを望む人々の願いを否定しない。修養によって「自らの商品価値を高めること」を拒む論理を、修養の思想は持たない。むろん実際にはその方向に同調しない場合が多く、欲から離れ一人静かに徳を積むことを勧める場合が多いのだが、しかし「修養」という言葉の内側には、その範囲を制限する論理がない。修養の向かう方向は、当人の「モラル（価値観・人生観）」に任される。

修養は雑草なのである。

政治の季節が終わった時に

どうやら修養の思想は「政治の季節」には鳴りを潜める。戦乱や政治体制の転換期には語られない。修養どころではない。身を守ることに精一杯である。ところが、社会が落ち着くと、再び、関心が修養に向く。

例えば、現代日本の「精神世界・セラピー文化」は、政治の季節が終わった後に訪れた。六十年・七十年代の「政治の季節（変革闘争）」が落ち着いたのと入れ替わって、米国西海岸から「ニューエイジ文化」が入りこみ、文化の流れが「内面・身体・魂」に向かった。

＊その潮流が米国西海岸からやってきた時、もし「修養」という言葉が生きていて、その文化を「修養 cultivation」と関連させることができたら、「ニューエイジ（米国におけるベトナム戦争後）」などというカタカナで揶揄されることなく、日本の伝統思想との関連の中で、より冷静に受け入れられていた可能性がある。しかし「修養」にはその器量がなかった。「修行」も「稽古」も「養生」も、それぞれ狭く内向きに伝統を守ることに精一杯であったから、「ニューエイジ」に共感した私たちは、日本の伝統とのつながりを予感しながら、誰に相談したらよいのかわからなかったのである。というより、修養の歴史は、そうしたことを繰り返してきた。従来の思想に学ぶことなく、それぞれ別個に、独自の言葉を創り、そのつど新たに語りだしてきたのである。

あるいは、明治期で言えば、日清・日露戦争の勝利の後、「富国強兵」の掛け声に一種のゆるみが生じた頃。人々の関心は天下国家ではなく私的な生活に向かった（自然主義文学に代表される個人主義の時代である）。

ちなみに、この時代の青年（一九〇〇年代に成人した世代）は、幕末の内乱を知らなかった。自由民権運動の高揚も体験しなかった。その世代の日常は既に安定していた。しかも明治初期の「立身出世」は行き詰まっていた。ところが「成功青年」もいた。「立志」とは違った「世渡り上手」が語られ、「金儲け」を謳った出版物が賑わった。そして「高等遊民」や「煩悶青年」という流行語が生まれる。虚無的な倦怠感、傍観者的な無感覚、あるいは、私的なエゴイズムが広がった。そうした個人主義・自己主義に危惧を抱いた人々が、処世訓を求めた。そこに「修養」が登場したことになる。

さらに歴史を遡ってみれば、江戸の初期、長らく続いた戦乱が治まり、世の中が安定に向かい始めた時期、ということは、制度や組織が固定してゆく時期。その時期の儒者たちは皆、「修養 cultivation」を説いた。荻生徂徠の「修養不要」も、政治のためには修養より作為的術策を重視するという話であって、「自得」や「習熟」のような広い意味での「修養 cultivation」に、徂徠は関心を持ち続けていた。

こうしてみると、どうやら修養は、政治の季節が終わった後に姿を見せる。あるいは、修養の関心は一貫しているのだが、政変や戦乱などによって「掻き消される」時期があると理解した方がよいのかもしれない。いつの時代にも、人々は（ある一定数の人々は）「修養」を願った。それが表に現れることができた場面を、修養の時期と呼んでいるだけなのかもしれない。

＊コラム⑪　修養の「伝統」

修養の「伝統」とは何か。末木文美士は「伝統」の三区分を提案する（末木文美士『死者と菩薩の倫理学』ぷねうま舎、二〇一八年、第八章。同『日本思想史』岩波新書、二〇二〇年など）。

「小伝統」は戦後の伝統である。戦後七十年間の中で定着した思想、例えば、平和主義の伝統と語られる。この小伝統においては、それ以前の伝統思想（中伝統・大伝統）とのつながりが切れ、それらを否定的に見る傾向がある。修養はここには登場しない。しかしその「願い」は姿を変えて継続している。

「中伝統」は明治以後の伝統である。明治維新以降、西洋近代の制度を受け入れ、「富国強兵」を目指した思想。この伝統はそれ以前の伝統を単純には否定しない。むしろ一面では「万世一系」の伝統の長さを誇る。しかしそれは近代において（都合よく）再解釈された伝統である。中伝統は、戦後、思想の表面から消え去りながらも、背後にあって生き続け、蘇る可能性を常に秘めている。「修養」という言葉はこの時期に活躍した。期待され、軍国主義の中で変形し、「修身」「鍛錬」「教練」など暗い思い出に彩られた言葉を産んだ。こうした歴史的な負債を背負った用語は、いわば固有名詞（歴史用語）である。「修養 cultivation」はそれらを内に含みつつ、しかしその守備範囲は（限界を示すことが困難なほど）広い。

「大伝統」は前近代の伝統である。古代・中世・近世と長いタイムスパンを持つこの伝統の特徴を、末木は、中伝統の「忠君愛国の男性性」に対して「人情に深く根ざした女性性」と見る。そして「男性―西洋―正義」の発想に対して「女性―東洋―ケア」を対置する。他者親密的で、身体を通したふれあいの中で形成される倫理。修養は、徳川儒者によって語られ、庶民道徳として広がった。その受け手・聴き手には多くの女性が含まれていた。庶民の暮らしを大切にするとは「女性」や「ケア」を大切にすることを意味する。

なお、「大伝統」のうち、「古代・中世における修養」については今後の課題とする。江戸初期の徳川儒者たちの語りを「修養の古典的ナラティヴ」とした本書の構図では、古代・中世の豊かな思想を扱うことができなかった。修養の視点から、例えば、世阿弥や西行をどう見るか。紀貫之や藤原定家などの「歌の道」をどう理解するか。あるいは、鎌倉仏教、平安仏教の豊かな地平は「修養」といかに関連するか。すべて「修養 cultivation」という言葉の定義と相互関連しながら、息の長い考察を必要とする。

おわりに——修養は〈雑草〉である

「修養」は奇妙な言葉である。近代に入ってから作られた翻訳語ではない。しかし江戸期から継続的に使われてきた言葉でもない。時に見かけることがあっても、江戸期の思想家がこの言葉を自分の用語として使うことはなかった。

ところが明治の末期、この言葉は一世を風靡する。しかし一時の流行、一挙に忘れられ、後は見向きもされない。時に蔑称に近い意味で使われたりもする。「稽古」や「修行」が（たとえ限られた領域にせよ）ある種の権威をもって語られるのと対照的である。しかし忘れてよい言葉とは思えない。忘れてしまうにはあまりにもったいない言葉なのである。

修養は雑草である。どこにでもある。いつの時代にもある。しかし「雑草」が総称であるように「修養」も総称である。「雑草」という名の植物は存在しない。実際の草がそれぞれ固有の名前を持っているのと同様、「修養」も実際には個々の名で呼ばれる。個々の思想家はそれぞれ独自の言葉を使って修養を語った。「修養」という言葉を前面に掲げたのは、明治期の修養論だけである。

明治期の修養論は、多様なアイデア（思想・用語）を「修養」という名のカプセルに詰め込んで、新たな時代のキャッチコピーとした。それが修養の一面であることは否めない。しかしそれが修養のすべてではない。

そこで、江戸期と明治期を連続させ、現代との関連も視野に入れながら整理を試みた。背景をなす思想まで含めて整理する。それを通して、今も（これからも）生きて使われる言葉として捉える。大風呂敷でよいから、ひとつの問題領域《プラットフォーム》として整えておきたいと思ったのである。

その際、cultivation という言葉を経由した。あらかじめ修養の系譜が存在し、それを cultivation と訳したのではない。むしろ英語の文献が多様な思想を別個に cultivation と呼んできた、その多様な広がりを「修養」と呼ぶ。英語の文献が cultivation という言葉の内に寄せ集めていた話題をすべて「修養 cultivation」と呼ぶことによって、ひとつの問題領域としたのである。

その結果、いくつかの論点が見えてきた。

例えば、教育が「教える」のに対して、修養は「自分で行う」。自分で自分の人生をよくしようとする。克己につとめ、健康を願い、人に誠実であろうとする。すべて自ら行う。教えるのでもなく、教えられるのでもない。最初は「教えられる」のだろうが、しかし命令に従っているだけでは、修養にならない。監視を気にして罰を恐れている限り、修養にはならない。修養は、自ら学び、自ら成長しようとする。

その際、修養は、才能を問題にしない。稽古や修行のように「生まれつきの天分」に左右されない。与えられた持ち場で、それぞれ地道に努力する。暮らしの中で修養し、身の丈に応じて徳を積む。修養には天才がない。

修養は人々に「向上」の観念をもたらした。それは、一方では、徳や人格の成長に向かい、他方では、地位や名誉や商売繁盛に向かった。修養はそのすべてを受け入れる。「修養cultivation」と名付けられた領域には、あらゆる方向に向かう「向上心」が含まれていた。

それは統治者には都合がよかった。修養は既成の体制の枠内で「身を修める」。多少忠誠が揺らぐことはあったとしても、修養は「反逆」には至らない。まして「革命」には向かわない。若者たちが修養という仕方で自己統治している限り、統治する側にとって、危険はなかった。

こうして修養の多くは「自己」に向かう。しかし「稽古」や「修行」ほどには徹底しない。むしろ修養は社会奉仕に向かう。他人のために尽くし、社会のために尽くす。その結果「忠君愛国」にもなる。その歯止めとなる「批判的精神」が修養の内側から育つことは少なかった。

その点で養生は異色である。養生は健康を願う。身心が健やかに育ち、楽しみ、喜ぶことを願う。肉体を軽視して精神を向上させるのではない。天地の理に即して「気」を養う。その時、社会の仕組みに違和感が生じる。上から修養を強いる人たちに対する小さな批判が芽生えた。実際には社会を変える力にはなりえなかったとしても、養生を願うゆえに、既存の社会に対して違和感を持つという点は注目に値した。

今日、道徳教育が騒がれている。そして日本の伝統という話になる。その時、「修養の伝統」という言葉には警戒したい。修養はしばしば「伝統の重み」と共に語られる。しかし見てきたように、修養の「伝統」は一枚岩ではない。複雑に絡み合い、多方向に展開する。だからこそ、その複雑な立体空間を整理し、論点を明確にしておく。例えば、忠君愛国の「修身」という国策による修養が、その立体空間の中では、いかなる位置にあるのか。

日本の教育伝統には「修養」の流れがあった。そう語るためには、これだけの下準備が要る。「修養」という言葉の守備範囲を確定し、その周辺の言葉の来歴まで視野に入れながら、丁寧に用語法を腑分けする。その上で、日本の教育伝統に潜む「修養」という底流を大切にしたいと思っているのである。

＊本書と並行して執筆された以下の論考は「日本の伝統」を海外に発信する際の問題を「修養」を事例に検討したものである。「非」近代の日本の思想が欧米の言語（近代語）に翻訳される際、知らぬ間に、近代の理論枠組みに回収されてしまう。しかし逆にその危険が私たちの「伝統」理解を鍛える。翻訳という出来事の中で理解される日本特有の教育的伝統を大切にしたいと思っているのである。拙論「修養の構造——翻訳の中で理解される日本特有の教育的伝統」（『教育学研究』第八十六巻四号、〈特集「日本型教育の海外展開」を問う〉、二〇一九年、四七三—四八四頁）。

あとがき

伊藤仁斎は「日常・卑近」と語った。真理は日常（近き）にある。日常・卑近を軽んじる者は「道」を学ぶことができない（「卑近をゆるがせにする者は、道を識る者にあらず」『童子門』）。もしかすると、このあたりが、私の「修養」理解の原点である。「高き」を目指す稽古ではない。日常・卑近の暮らしの中で「道」を生きる。その姿が本書の「修養」のプロトタイプ（理論模型・古型）である。

おそらく、その結果として、私は明治期の修養論から出発しなかった。「明治国家のイデオロギー」として機能した「修養」には、私は最初から馴染むことができなかった。徳川儒者の語りを「修養」と思い込んだ私の眼には、明治期のそれは、都合よく利用された哀れな姿にしか見えなかったのである。

その先入観が本書の流れを複雑にしたことは間違いない。「修養」という言葉を使ったわけではない徳川儒者の語りを〈修養〉のプロトタイプとし、「修養」という言葉を前面に出した明治期修養論を、その例外的な姿と見る。

ではその〈修養〉とは何かといえば、英語圏の研究者たちが cultivation という言葉によって拾い集めていた彩り豊かな営みである。その多様な広がりをプラットフォームとして、関連する話を整理してみたいと思ったのである。

むろん課題はたくさん残った。例えば、修養と「儒学」の関連。本書の修養理解は儒学に傾きすぎているのだろうか。しかし話を大掴みするためには、ある程度の図式化もやむを得ないのではないか。ならば、いっそ、「養生」を道教と結びつけ、「稽古」は禅、「修養」は儒学、「養生」は道教という（乱暴な）仮説も、今後の議論を刺激することに役立つのだろうか。

ついでに、もう一つ、仮説の仮説にすぎないのだが、日本の self-cultivation は、最終的には、すべて self を越えてゆくのではないか。あるいは、self 以前に戻ろうとするのではないか。つまり self-cultivation toward 'no-self' である。

ところがこの言葉を日本語で表現できない。言葉がないのではない。逆に、たくさんありすぎて、どう工夫しても特定の思想に傾いてしまうのである。例えば、「無心に向かう修行」と訳した途端、禅に特定される。「大いなるいのちへと明け渡してゆく修養」と訳した途端、生命主義的語りと限定される。それらすべてを含んだ、メタレベルの self-cultivation toward 'no-self' を日本語でどう語ったらよいか。

そうした問いを、問いとして設定するところから、あらためて始めてみたい。日本の self-cultivation は self の確立を最終目的としない。それを越えた営みとワンセットである。あるいは、日本の伝統が理想とした self は no-self と一体である（互いに反転し続ける）。そう一般化してよいか。

今回もまた佐藤清靖氏のお世話になった。佐藤氏の励ましがなかったら、ここまで来ることはできなかった。大きなクスノキに包まれたこの研究室で仕事のできる幸いにも、また、暮らしの中の最も身近なところで歩みを共にしてくれる妻にも、感謝しつつ。

二〇二〇年二月

西平　直

著者略歴
西平　直（にしひら　ただし）
1957年生まれ。信州大学、東京都立大学、東京大学に学び、立教大学、東京大学に勤務の後、2007年より京都大学教育学研究科教授。専門は、教育人間学、死生学、哲学。
主要著書
『エリクソンの人間学』（東京大学出版会、1993年）
『魂のライフサイクル』（東京大学出版会、1997年）
『教育人間学のために』（東京大学出版会、2005年）
『世阿弥の稽古哲学』（東京大学出版会、2009年）
『無心のダイナミズム』（岩波現代全書、2014年）
『誕生のインファンティア』（みすず書房、2015年）
『ライフサイクルの哲学』（東京大学出版会、2019年）
『稽古の思想』（春秋社、2019年）

修養の思想

二〇二〇年四月二〇日　第一刷発行

著　者　西平　直
発行者　神田　明
発行所　株式会社　春秋社
東京都千代田区外神田二―一八―六（〒一〇一―〇〇二一）
電話〇三―三二五五―九六一一　振替〇〇一八〇―六―二四八六一
https://www.shunjusha.co.jp/
印刷所　株式会社　太平印刷社
製本所　ナショナル製本協同組合
装　丁　伊藤滋章
定価はカバー等に表示してあります

ISBN978-4-393-31305-3

稽古の思想

西平 直

「稽古」とはいかなる思想なのか。そこに秘められた「智恵」が意味するものとは。「稽古」を知の地平に解き放ち、東洋的心性のありかを探る好著。東洋的身体知の世界とは。

2000円

▼価格は税別。